熊木信太郎
編訳
KUMAKI Shintaro

冒頭を読む
世界の名著
101

論　創　社

冒頭を読む　世界の名著101

目次

I

1 ハンムラビ法典（バビロニア）……〔紀元前十八世紀〕 2
2 孫子……孫武〔紀元前五三五頃？〕 5
3 論語……孔子〔紀元前五五二～四七九〕 7
4 歴史……ヘロドトス〔紀元前四八五頃～四二五頃〕 10
5 戦史……トゥキュディデス〔紀元前四六〇頃～四〇〇頃〕 13
6 ソクラテスの弁明……プラトン〔紀元前四二八頃～三四七〕 16
7 政治学……アリストテレス〔紀元前三八四～三二二〕 19
8 史記……司馬遷〔紀元前一四五頃～八七頃〕 22
9 旧約聖書…… 24
10 弁論家について……キケロ〔紀元前一〇六～四三〕 27
11 ガリア戦記……ユリウス・カエサル〔紀元前一〇一頃～四四〕 30
12 新約聖書…… 33
13 自省録……マルクス・アウレリウス〔一二一～一八〇〕 35
14 ゲルマニア……タキトゥス〔五五頃～一二〇〕 38
15 法華経（サッダルマ・プンダリーカ・スートラ）……〔紀元一～二世紀頃〕 41

16 カーマ・スートラ（インド）……〔紀元四～五世紀〕 44
17 告白……アウグスティヌス〔三五四～四三〇〕 46
18 コーラン……ムハンマド〔紀元七世紀〕 49

Ⅱ

19 マグナ・カルタ（イングランド）……〔一二一五〕 54
20 神学大全……トマス・アクィナス〔一二二五～一二七四〕 57
21 痴愚神礼讃……エラスムス〔一四六六～一五三六〕 60
22 ユートピア……トマス・モア〔一四七八～一五三五〕 62
23 九十五箇条の論題……マルティン・ルター〔一四八三～一五四六〕 65
24 君主論……ニコロ・マキャヴェッリ〔一四六九～一五二七〕 68
25 天体の回転について……ニコラウス・コペルニクス〔一四七三～一五四三〕 71
26 エセー……ミシェル・ド・モンテーニュ〔一五三三～一五九二〕 74
27 随筆集……フランシス・ベーコン〔一五六一～一六二六〕 77
28 星界の報告……ガリレオ・ガリレイ〔一五六四～一六四二〕 80
29 方法論序説……ルネ・デカルト〔一五九六～一六五〇〕 83

30 リヴァイアサン……トマス・ホッブス（一五八八〜一六七九） 85
31 懐疑的化学者……ロバート・ボイル（一六二七〜一六九一） 88
32 パンセ……ブレーズ・パスカル（一六二三〜一六六二） 91
33 エチカ……バールーフ・デ・スピノザ（一六三二〜一六七七） 94
34 自然哲学の数学的諸原理……アイザック・ニュートン（一六四二〜一七二七） 98
35 人間知性論……ジョン・ロック（一六三二〜一七〇四） 101
36 弁神論……ゴットフリート・ヴィルヘルム・ライプニッツ（一六四六〜一七一六） 104

Ⅲ

37 権利章典（イギリス）……（一六八九） 108
38 光についての論考……クリスティアーン・ホイヘンス（一六二九〜一六九五） 110
39 人間本性論……デイヴィッド・ヒューム（一七一一〜一七七六） 113
40 新しい学……ジャンバッティスタ・ヴィーコ（一六六八〜一七四四） 116
41 人間機械論……ジュリアン・オフリ・ド・ラ・メトリー（一七〇九〜一七五一） 119
42 カンディード……ヴォルテール（一六九四〜一七七八） 122
43 人間不平等起源論……ジャン＝ジャック・ルソー（一七一二〜一七七八） 125

44 自伝……ベンジャミン・フランクリン〔一七〇六～一七九〇〕128
45 国富論……アダム・スミス〔一七二三～一七九〇〕130
46 ローマ帝国衰亡史……エドワード・ギボン〔一七三七～一七九四〕133
47 コモンセンス……トマス・ペイン〔一七三七～一八〇九〕135
48 アメリカ独立宣言……〔一七七六〕138
49 純粋理性批判……イマヌエル・カント〔一七二四～一八〇四〕141
50 化学原論……アントワーヌ・ラヴォアジエ〔一七四三～一七九四〕143
51 道徳および立法の諸原理序説……ジェレミ・ベンサム〔一七四八～一八三二〕146

Ⅳ

52 フランス人権宣言（人間および市民の権利の宣言）……〔一七八九〕150
53 人間精神進歩の歴史……ニコラ・ド・コンドルセ〔一七四三～一七九四〕153
54 フランス革命についての省察……エドマンド・バーク〔一七二九～一七九七〕155
55 ドイツ国民に告ぐ……ヨハン・ゴットリープ・フィヒテ〔一七六二～一八一四〕158
56 人口論……ロバート・マルサス〔一七六六～一八三四〕161
57 化学の新体系……ジョン・ドルトン〔一七六六～一八四四〕164

58 経済学および課税の原理……………デイヴィッド・リカード〔一七七二～一八二三〕 167
59 意思と表象としての世界……アルトゥール・ショーペンハウアー〔一七八八～一八六〇〕 169
60 法の哲学 ………ゲオルク・ヴィルヘルム・フリードリヒ・ヘーゲル〔一七七〇～一八三一〕 172
61 戦争論……………カール・フォン・クラウゼヴィッツ〔一七八〇～一八三一〕 176
62 アメリカの民主政治……………アレクシ・ド・トクヴィル〔一八〇五～一八五九〕 179
63 とてつもない民衆の妄想と群衆の狂気…チャールズ・マッケイ〔一八一四～一八八九〕 181
64 共産党宣言……カール・マルクス／フリードリヒ・エンゲルス〔一八二〇～一八九五〕 184
65 十九世紀における革命の一般理念…ピエール・ジョセフ・プルードン〔一八〇九～一八六五〕 187
66 自由論……………ジョン・スチュワート・ミル〔一八〇六～一八七三〕 190
67 種の起源……………チャールズ・ダーウィン〔一八〇九～一八八二〕 193
68 イタリア・ルネサンスの文化……ヤーコプ・ブルクハルト〔一八一八～一八九七〕 195
69 第一原理……………ハーバート・スペンサー〔一八二〇～一九〇三〕 198
70 ロウソクの科学……………マイケル・ファラデー〔一七九一～一八六七〕 201
71 この最後の者に……………ジョン・ラスキン〔一八一九～一九〇〇〕 204

V

72 資本論……カール・マルクス〔一八一八～一八八三〕 208
73 イギリス憲政史……ウォルター・バジョット〔一八二六～一八七七〕 211
74 論理学の素描……チャールズ・サンダース・パース〔一八三九～一九一四〕 214
75 神と国家……ミハイル・バクーニン〔一八一四～一八七六〕 217
76 ツァラトゥストラはかく語りき……フリードリヒ・ニーチェ〔一八四四～一九〇〇〕 220
77 時間と自由……アンリ・ベルクソン〔一八五九～一九四一〕 223
78 経済学原理……アルフレッド・マーシャル〔一八四二～一九二四〕 226
79 ユートピアだより……ウィリアム・モリス〔一八三四～一八九六〕 229
80 自殺論……エミール・デュルケーム〔一八五八～一九一七〕 231
81 シートン動物記……アーネスト・トンプソン・シートン〔一八六〇～一九四六〕 234
82 有閑階級の理論……ソースティン・ヴェブレン〔一八五七～一九二九〕 237
83 夢の解釈……ジークムント・フロイト〔一八五六～一九三九〕 240
84 近代科学とアナーキズム……ピョートル・クロポトキン〔一八四二～一九二一〕 243
85 ローマ史……テオドール・モムゼン〔一八一七～一九〇三〕 246
86 道徳的認識の源泉について……フランツ・ブレンターノ〔一八三八～一九一七〕 248

87 プロテスタンティズムの倫理と資本主義の精神……マックス・ヴェーバー〔一八六四〜一九二〇〕 251
88 プラグマティズム……ウィリアム・ジェイムズ〔一八四二〜一九一〇〕 254
89 暴力論……ジョルジュ・ソレル〔一八四七〜一九二二〕 257
90 恋愛と奢侈と資本主義……ヴェルナー・ゾンバルト〔一八六三〜一九四一〕 259
91 イデーン（純粋現象学と現象学的哲学のための諸構想）……エトムント・フッサール〔一八五九〜一九三八〕 262

VI

92 帝国主義論……ウラジーミル・イリイチ・レーニン〔一八七〇〜一九二四〕 268
93 相対性理論……アルベルト・アインシュタイン〔一八七九〜一九五五〕 271
94 哲学の改造……ジョン・デューイ〔一八五九〜一九五二〕 273
95 中世の秋……ヨハン・ホイジンガ〔一八七二〜一九四五〕 276
96 論理哲学論考……ルートヴィヒ・ウィトゲンシュタイン〔一八八九〜一九五一〕 279
97 主権の基礎……ハロルド・ラスキ〔一八九三〜一九五〇〕 282
98 西太平洋の遠洋航海者……ブロニスワフ・マリノフスキー〔一八八四〜一九四二〕 284

99 大衆の反逆……ホセ・オルテガ・イ・ガセット〔一八八三～一九五五〕 287
100 イデオロギーとユートピア……カール・マンハイム〔一八九三～一九四七〕 290
101 雇用・利子および貨幣に関する一般理論……ジョン・メイナード・ケインズ〔一八八三～一九四六〕 293

参考文献 296
編訳者あとがき 301

冒頭を読む　世界の名著101

I

前3000頃　エジプト文明が成立
前3000頃　メソポタミア文明が成立
前2500頃　インダス文明が成立
前1500頃　黄河文明が成立
前334　アレクサンドロス大王が東方遠征を開始
前221　秦の始皇帝が中国を統一
前4頃　イエス・キリスト誕生
375　ゲルマン人の大移動が始まる
476　西ローマ帝国が滅亡
610頃　イスラム教が成立

1　ハンムラビ法典〔バビロニア〕〔紀元前十八世紀〕

紀元前十八世紀、バビロニアのハンムラビ王が制定した法典。現存する法典の中ではウル・ナンム法典（メソポタミア）についで世界で二番目に古いとされている。アッカド語が用いられ、楔形文字で記されている。全二百八十二条。

一、他人を罪に陥れ、呪いをかけたにもかかわらず、それを証明できなかった場合、その者は死罪に処される。

二、人を告発した場合、告発された者は川に行って水中に飛び込み、もし川底に沈んだならば、告発した者は彼の家を所有する。ただしその川によって、告発された者に罪がないと証明され、無傷のままその場を離れることができたなら、告発した者は死罪に処され、川に飛び込んだ者が彼の家を得る。

三、法廷の場に告発を持ち込みながら、その告発を立証できない場合、それが殺人に関するものならば、告発した者は死罪に処される。

四、告発により、法廷が穀物ないし銀の没収を決めた場合、その穀物ないし銀は告発した者の所有に帰す。
五、裁判官が審理を行ない、結論を下し、判決を文書で示した場合、後にその判決に誤りのあることが判明したならば、またその誤りが裁判官自身の責によるものならば、彼は判決に記した額の十二倍を支払い、裁判官の席から公に排除され、再びそこに座り判決を下すことを許さないものとする。
六、寺院ないし宮廷の所有物を盗んだ場合、その者は死罪に処される。また盗品を受け取った者も死罪に処される。
七、他人の息子あるいは奴隷から、証人もしくは契約書を伴わず、銀や金、男女の奴隷、牛や羊、驢馬などを買った場合、あるいは委託されたものとして受け取った場合、その者は盗人とみなされ、死罪に処される。
八、牛や羊、驢馬、豚、山羊を盗み、それが寺院あるいは宮廷の所有だった場合、盗人はその三十倍を支払う。盗品が王の臣民の所有物だった場合は十倍を支払う。支払えない場合、盗人は死罪に処される。
九、何かを失くし、それが他人の手にあるとわかった場合、その物品を手にしていた者が、「これは商人が私に売ったものであって、私は証人の前でその代金を支払った」と述べる一方、その所有者が「私のものであると知る証人を連れて来る」と言ったならば、購入した者は売った商人ならびにその場にいた証人を、また所有者のほうは、その所有を証明する証人を連れて来るものとする。裁判官は彼らの証言、すなわち代金が支払われるのを目撃した証人の証言と、失った物品の所有を明らかにする証人の証言とを、宣誓させた上で検討すべし。その結果、商人が盗人と明らかになったならば、彼は死罪に処される。失われた物品の所有者はその品を受け取り、またそれを購入した者は支払った金額を、商人の財産から受け取るものとする。

十、購入した者が、その商人、および商品の購入を目撃した証人を連れて来ず、その一方で所有者が証人を連れて来た場合、購入した者が盗人であり、死罪に処される。また所有者は失った物品を受け取る。

十一、所有者が、失った物品の出所を明らかにする証人を連れて来なかった場合、彼は悪事を行なった者であり、他人を中傷したのであるから、死罪に処される。

十二、証人を連れて来ることができなかった場合、裁判官は六ヶ月の期限を定める。その期限内に証人を連れて来ることができなかったならば、その者は悪事を行なったのであり、その訴訟の罰を負うものとする。

2

孫子　孫武〔紀元前五三五頃？〕

古代中国・春秋時代の武将、兵法家。兵法書『孫子』の著者とされる。「孫子」は孫武の尊称。

孫子は言った。戦争は国家の一大事であり、国の生死を決め、存亡を左右するものである。よって慎重に考えなければならない。そこで、軍備をなすには次の五つのことをもって行ない、両国の軍備を比べるには計算をもって行ない、その実情を探り求める。五つのこととはすなわち、第一に道、第二に天、第三に地、第四に将、第五に法である。道とは、民を君主と一心同体にさせることである。したがって、民は君主と死生を同じくし、危険を恐れなくなる。天とは、気候の明暗、寒暑、そして時候である。地とは、両地点の遠近、地形の険しさ、土地の広さ、そして有利不利の環境である。将とは知恵・信頼・仁愛・勇気・威厳である。法とは、遺漏なき制度、諸官の地位および規定、そしてそれらの運用である。およそ将軍ならば、この五つのことを聞かない者はない。これをよく知る者が勝ち、知らない者が負ける。

そこで両国の軍備を比較するのに計算をもってそれを行ない、実情を探り求める。すなわち、いずれの君主がより有徳か、いずれの将がより有能か、いずれのほうがより天地の恩恵を受けているか、いずれの制度と命令がよりよく遵守されているか、いずれの兵がより強いか、いずれの士卒がより訓練されているか、いずれの賞罰がより明確であるか。私はそれら優劣の数を計算し、それで両国の勝敗を知るのである。

主君が私のはかりごとを聞き入れて、これを用いれば、必ず敵に勝つ。そうすれば私はとどまろう。主君が私のはかりごとを聞き入れながら、これを用いなければ、必ず敵に敗れる。そうすれば私は去ろう。そのはかりごとが有利であるとして聞き入れられるならば、そこではじめて勢いを得て、外的条件をよいものにする。勢いとは、その有利に応じて臨機応変に計画を変えることである。

およそ戦争とは敵を欺くことである。ゆえに、こちらに能力がありながら敵には無能に見せかけたり、兵を用いるとき用いないように見せかけたり、近くにいながら遠くにいるように見せかけたり、遠くにいるのに近くにいるように見せかけたり、わざと敵に利を与えて誘い出したり、敵を混乱させて奪い取ったり、こちらが充実していながらあえて敵に備えたり、こちらが強いのにあえて敵を避けたり、わざと怒りを見せて敵を乱したり、わざとへりくだって敵をおごらせたり、わざと油断を見せて敵を苦労させたり、わざと敵の一方と親しくして敵同士を離間させたりする。そうしてから敵の備えのないところを攻め、敵の不意を突く。これが兵法家の勝ちを得る方法であるが、先に伝えてはならない。

戦闘に先立ち廟堂で先の計算を行なうとき、勝つ者は得点が多く、負ける者は得点が少ない。得点が多ければ戦闘に勝ち、得点が少なければ勝たない。まして得点がないのに勝つことはできない。この計算をもって戦闘を見れば、勝敗はすでに明らかである。

孫子は言った。およそ戦争を行なう場合の法則として、戦車千台、重戦車千台、武装した兵士十万を十分備え、千里の遠くに食料を運ぶならば、国の内外でかかる費用、賓客をもてなす費用、漆や膠といった細かな品目、戦車や甲冑の生産で、一日千金を費やすことになる。その後はじめて、十万の軍勢を挙げることができる。

3 論語　孔子〔紀元前五五二～四七九〕

孔子と彼の高弟たちの言行を、孔子の死後、弟子たちがまとめた書籍。儒教における四書の一つに数えられる。全二十篇。古代中国・戦国時代に成立したものと考えられている。

学而第一

先生（孔子）が仰った。「学び、しばらくしてから学んだことを復習する、これほど楽しいことがあるかね？　はるばる遠くから友人が訪ね来る、これほど素晴らしいことがあるかね？　人に知られなくとも恨まない、これを君子と言うのではないかね？」

有子が言った。「その人柄が子として弟として従順なのに、目上の人に好んで逆らう者は、ほとんどいない。目上の人に逆らうことを好まないのに、乱れを起こすことを好む者は、いまだいたことがない。君子は根本のことに努力する。ひとたび根本が定まれば、正しい道が明らかになる。子として弟として従順であることこそ、仁徳の根本ではないだろうか？」

先生が仰った。「言葉が巧みで媚びへつらう者に、仁徳などほとんどないものだよ」

曾子が言った。「私は毎日、自分について三つのことを反省する。他人のために何かをして忠実だったろうか？　友人と交わって誠実だったろうか？　よく復習していないことを教えてしまったのではないか？」

先生が仰った。「諸侯の国を治めるのであれば、慎重に事を進めて嘘をつかず、費用を節約して人々を慈しみ、民を使うにも季節に従うべきだ」

先生が仰った。「若者よ、家にあっては親に従い、外では年長者を敬い、身を慎んで誠実にふるまい、広く人々を愛して仁徳の人に親しみ、それでもなお余裕があれば、そこで書物を学ぶべきだ」

子夏が言った。「優れた人を優れた人として慕うときは、美人を好むようにそれを慕い、父母に仕えるときは力を尽くし、君子に仕えるときはその身を捧げ、友人と交わるときは何を言うにも誠実である。そのようにしていれば、いまだ学問を修めていないと誰かが言ったところで、私はきっと学問を修めたと言うだろう」

先生が仰った。「君子は重々しくなければ威厳がない。学問を修めれば頑固でなくなる。忠と信を第一とし、自分に劣る者を友とするな。過ちを犯したならば、躊躇うことなくそれを改めよ」

曾子が言った。「親を手厚く葬り、先祖を深く追慕すれば、民の徳も厚くなるものだ」

子禽が子貢に尋ねて言った。「先生（孔子）はどこの国に行かれても、必ずその政治について相談をお受けになる。先生がそれを求めたのでしょうか、それとも向こうから持ちかけられたのでしょうか」子貢は答えた。「先生は温《おだ》やかで、良《すなお》で、恭《うやうや》しく、倹《つつま》しく、謙譲であられる。だから相談を受けられるのだ。先生がそれを求めるのは、そう、人がそれを求めるのとは違うようだ」

4 歴史

ヘロドトス〔紀元前四八五頃〜四二五頃〕

古代ギリシャの歴史家。小アジアや中東、イタリアを広く旅し、旅行中に集めた材料で歴史を著した。古代ローマの弁論家キケロからは「歴史の父」と称される。

第一巻

以下の文章はハリカルナッソスのヘロドトスによる研究であり、人間による諸行為の記憶が消え去ること、ギリシャ人や蛮族による驚嘆すべき偉業が不当にも顧みられなくなること、そして、彼らの相争った原因が不明になることを避けるため、発表に至ったものである。

歴史に関するペルシャの権威によると、最初に争いを起こしたのはフェニキア人だという。これらの人々は「紅い海」の沿岸から地中海へ移り、いまも住んでいる地域に定住すると、ただちに遠洋航海に乗り出し、エジプトやアッシリアの商品を船に満載して運んだ。彼らは様々な港を訪れたが、その一つがアルゴスだった。当時のアルゴスは、現在ヘラスと呼ばれている地域に含まれる国々の中で、頭一つ抜きん出ていた。かくしてフェニキア人は商品をその地に持ち込み、現地の人間と交易を行なった。五日ないし六日かけてほぼすべて売りさばいたころ、多数の婦人が岸辺に来たのだが、その中に国王の娘がいた。彼女はイナコスの娘で名をイオといい、ギリシャ人も同じ名前で呼んでいる。婦人たちは船尾で買い物に夢中になっていたが、そのときフェニキア人が一斉に大声を上げ、彼女らに襲いかかった。大部分の婦人はその場を逃げ出したが、一部は捕らえられ、連れ去られた。イオもその一人だった。フェニキア人は婦人たちを船に乗せ、エジプト目指して帆をあげた。フェニキア人の話とは大いに異なるのだが、ペルシャ人の伝えるところによると、イオはエジプトに辿り着き、そこから一連の厄災が始まったという。

その後、名前こそ不明だが、おそらくクレタ人であろう一部のギリシャ人がフェニキアのテュロスに上陸し、王女エウロパを連れ去った。それ自体は報復に過ぎなかったわけだが、後にこれらギリシャ人は二番目の罪を犯したと言われている。すなわち、彼らは軍艦を操ってコルキスの都市アイアに向かい、ファシス川に至ったが、目的の仕事の残りをさっさと済ませた後、当地の王女メディアを連れ去ったのである。国王がギリシャに使者を送り、損害賠償と王女の返還を求めたところ、ギリシャ人は、アルゴスのイオが囚われた際に自分たちは何ら賠償を受け取っていないのだから、この場合も何ら賠償をするつもりはないと答えた。

やがて次の代になり、プリアモスの子アレクサンドロスはこれらの出来事を念頭に置き、ギリシャ人は賠償をしなかったのであるから、自分も賠償を求められることはないと頭から信じ込み、ギリシャの婦人を奪い取ることで妻を娶ろうとしたという。かくして彼はヘレネを奪い去ったのだが、ギリシャ人はまず使者を送り、ヘレネの返還と損害賠償を求めることにした。ところが、彼らがその要求を申し出たところ、メディアでの一件が持ち出され、以前に損害賠償や返還の要求をすべて撥ねつけておきながら、どの面下げていまさら償いを求めるのかと問い詰められたという。

そこまで問題は、単に両者が略奪し合ったに過ぎなかったのだが、続く出来事に関してペルシャ人は、ヨーロッパを攻撃する前にまずアジアへ軍を進めたギリシャ人こそが、その責を負うべきであるとした。彼らは言う、婦人の略奪は狼藉行為であるが、そうしたことに大騒ぎするのは愚者の行ないである、婦人が同意さえしなければ略奪されることはなかったのだから、分別ある男はそうした婦人など意に介さない、と。アジア人は、ギリシャ人に彼らの婦人を奪われたとき、その事件にまったく頓着しなかった。しかしギリシャ人は、スパルタの一婦人のために大軍を組織してアジアに攻め入り、プリアモスの王国を破壊した。ために彼らは、以降ギリシャ人を不倶の仇敵とみなすようになった。ペルシャ人は、様々な蛮族が居住するアジアを自らのものとしているが、ヨーロッパとギリシャはそれと異なる別個のものと考えているのである。

5 戦史 トゥキュディデス〔紀元前四六〇頃～四〇〇頃〕

古代アテナイの歴史家。主著『戦史』は、トゥキュディデス自ら一時期将軍として参戦したペロポネソス戦争を対象としている。その叙述は細部にわたって正確であり、中立的な視点から記述されているが、完全に公平ではなかったとされる。

第一巻

第一章

アテナイ人のトゥキュディデスは、ペロポネソス人とアテナイ人との間で戦争が始まって以来、史上類を見ない大戦乱となったこの戦争を伝える価値があると信じ、ただちに戦史の記述を始めた。その考えは根拠なきものではなかった。すなわち、両陣営とも準備万端だったのみならず、残りのギリシャ民族もどちらに味方するか天秤にかけ、あるいは機会を見ながら参戦の時期を伺っていたのである。事実、この戦いはギリシャ世界のみならず、広範囲にわたる異民族世界、極言すれば人類全体の歴史において、並ぶものなき大動乱を生み出した。はるか遠い昔の出来事はもちろん、今般の戦争に先んじて起きた出来事であっても、時の隔たりによって、事実を明白に確かめることは不可能に近い。しかし、できる限り過去に遡る検証の結果から、筆者は、戦争という点においてもまた他の点においても、これを上回る規模のものはなかったと結論づけるものである。

一例を挙げると、現在「ヘラス」と呼ばれている地域には古代、住民が定着することはなく、むしろ移住が頻繁に行なわれていた。いくつかの部族はより強大な集団によって圧迫されると、いとも簡単に住居を捨てたのである。彼らは交易を行なわず、陸路や海路を通じて自由に往来することもできず、また生命の維持に必要なだけの領域しか保有しなかった。そのうえ、いつ敵がやって来て作物を根こそぎ奪っていくかわからず、外敵から身を守るべき城壁も持たなかったので、物資の余剰を持つことも、栽培を行なうこともなかった。日々の糧はどこでも得られると考え、住処を移すことに躊躇せず、結果として、大きな街を築き上げるといった、偉大な業績を残すことはなかった。こうした住民の移り変わりがもっとも頻繁に起こったのは、現在のテッサリア、ボイオーティア、そしてアルカディアを除くペロポネソスの大半など、土壌がもっとも豊かな地方である。土地の豊饒さが特定の個人の力を強め、その結果内乱が生じ、やがて壊滅をもたらしたのである。それはまた侵略を招くこととともなった。これとは逆にアッティカは、土壌の貧しさが幸いして長らく内乱とは無縁であり、住民が入れ替わることもなかった。住民の移住こそ、他の地域でアッティカ同様の人口増加が見られない理由であるという事実は、私の主張を極めて明確に裏付けている。その他のギリシャ各地で発生した戦争ないし内乱による被害者のうち、王侯貴族たちは、庇護を求めてアテナイ人に頼った。これらの人々は早い時期から市民に加えられ、すでに多かった人口をより一層増加させ、ついにはアッティカだけでは収容できないまでになり、イオニアに植民地が築かれることになったのである。

また古代のギリシャが弱小であったという私の信念を形作るにあたり、決して小さくない理由がもう一つ存在する。すなわち、トロイ戦争以前、ギリシャ諸国が一致して事をなした兆候がなく、「ヘラス」という名前すら広く知られていなかったのではないか、という推測である。事実、デウカリオンの息子ヘレンの時代以前にこうした名前は存在せず、それぞれの地域はその部族の名、とりわけペラスゴス族の名前で呼ばれていた。やがてヘレンとその息子たちの力がプティア地方において強まり、同盟者として他の都市にも招かれるのだが、そのつながりから一つまた一つと、徐々にヘレンの名を冠するようになり、長い時間をかけてその名前がすべての部族の名称として定着したのである。この見解をもっともよく裏付けているのがホメロスである。トロイ戦争のはるか後に生まれた彼は、ギリシャ人全体をその名前で呼ぶことはなかったし、「ヘラス」という名前を使ったのは、本来のヘレン族である、プティアからアキレスに従った人々に対してだけだった。その他のギリシャ人は詩の中で「ダナンびと」「アルゴスびと」「アカイアびと」などと呼ばれている。ホメロスは異民族という呼び方もしていないが、ヘレン族という固有の名称がまだなかったからだろう。ゆえに、互いを理解する中で、次第にヘラスという名を冠するようになった最初の諸都市だけでなく、ギリシャ人全体を指す名称としてその名を冠した諸都市から成るいくつかの共同体は、トロイ戦争以前には弱体であったため、また互いに疎遠であったため、共同で事をなすことができなかった。

6 ソクラテスの弁明　プラトン〔紀元前四二八頃〜三四七〕

古代ギリシャの哲学者。ソクラテスの弟子にしてアリストテレスの師にあたる。三十数点の哲学的対話編と一連の書簡を残し、後世の哲学に絶大な影響を及ぼす。

私を告発した者があなたたち紳士諸兄にいかなる影響を与えたのか、私は知りませんが、私のほうはすっかり打ち負かされてしまいました。彼らの論は極めて説得力に満ちていたのです。だが一方で、彼らの言葉はどれも真実とは言い難い。数多くの虚偽の中、私はそのうちの一つにまったく驚かされました。つまり、この男に騙されないよう気をつけるべしとあなた方に言ったこと——つまり、私が巧みな演説者であるという示唆です。こんなことを臆面もなく述べるなど、なんと恥知らずなことかと、私は思いました。私が演説の技能などこれっぽっちも持っていないことが明確になった瞬間、今度は自分たちがこっぴどく論難されるとわかっていたはずなのに——もちろん、巧みな演説者という言葉が、真実を語る者という意味なら話は別ですが。彼らがそう言いたかったのならば、彼らの流儀に従っているわけではないと言え、自分が雄弁家であることは認めましょう。

そして私を告発した者たちは、真実をほとんど、あるいはまったく述べませんでした。しかし私からは、完全なる真実を聞くことになるでしょう。あなた方がこれからお聞きになるのは、華麗な単語や言い回しで彩られた美辞麗句ではなく、頭に浮かんだ言葉による率直な演説であり、私が己の正義に自信を持っているのと同様、確信に満ちています。それ以外のものをご期待なさってはいけません。紳士諸兄よ、私のごとき老人が、学生の雄弁家が使うような見せかけの言葉で演説を行なうのは、まったくふさわしいことではありません。しかし一つだけ、心よりお願いしたいことがあります。この街の広場（そこで私の話を聞いた方も大勢おられましょう）、あるいは他の場所で習慣的に使っているのと同じ言葉遣いで、私が自身の弁護を行なったとしても、驚いたり、あるいは遮ったりしないでいただきたい。ここで私の立場をもう一度お話ししましょう。七十歳になる私が法廷の場に出るのはこれが初めてであり、この場所で用いられる言語にはまったく馴染みがありません。私が別の国から来た人間であれば、私が育った場所の言葉遣いや方言で話したとしても、当然あなた方はお許しになるでしょう。私が今お願いしたいのもそれであり、決して理不尽なことではないはずです。私が演説する仕方――それが良いものであれ悪いものであれ――は大目に見ていただき、私の主張が妥当か否かというただ一つの問題を考え、それに集中していただきたいのです。真実を語るのが弁護人の義務であるのと同じく、それこそが陪審員の第一の責務なのですから。

陪審員諸兄、私がすべきはまず、私に誤って向けられた最初の非難、および一番初めの告発者に関して論じることであり、それから後に向けられた非難、後の告発者へと論を移すつもりです。私がこの区別をするのは、すでに何年も前から数多くの人間によって、私があなた方の前で告発されているからに他なりません。とは言え、そこに真実など何一つなかったのですが。しかし私は、アニュトゥスとその同僚以上に、これらの人々を恐れます。アニュトゥスらも十分恐るべき存在ですが、告発者たちはそれ以上なのです。彼らは、あなた方の多くがまだ子供だったときから「あのソクラテスという賢い男は、天国についての理論を持つだけでなく、地球のあらゆるものを調べ尽くし、貧弱な主張でより強力な主張を打ち負かすことができる」などと、嘘の非難をあなた方の心に植え付けようとしたのです。紳士諸兄よ、私が対峙する危険な告発者はこうした人間、つまりこれらの嘘を撒き散らした人間なのです。なぜなら、彼らの嘘を聞いた人間は誰しも、こんな物事を調べる人間など無神論者に違いないと考えるはずだからです。

7　政治学　アリストテレス〔紀元前三八四～三二二〕

古代ギリシャの哲学者。プラトンのアカデメイアで学び、やがて講師となる。論理学、倫理学、政治学など、ほぼすべての知識領域を網羅する膨大な著作を残した。

第一巻

第一章

我々が見るところ、あらゆる国家はある種の共同体であり、あらゆる共同体は何らかの善き目的のために形作られたものである。ここで「善き」と記したのは、すべての人間は善きものと思しき何かのために、一切の行動を起こすからである。ゆえに、すべての共同体は何らかの善きものを目標としているのだから、その中でも至上のもの、他のあらゆる善きものを包含しているものこそが、もっとも善きものを、すべての善きもののうち至上のものを目標としていることは明らかである。それこそ、我々が国家と呼ぶ共同体、あるいは「政治的」共同体なのである。

ところで、政治家、君主、家長、そして奴隷主が、みな同類だと考えている人々がいる。しかし、それは誤りである。彼らの信じるところ、それらは各々の性質でなく、彼らが支配している人数の面で異なっているという。つまり、奴隷主は数人を支配し、家長はそれより多くの人間を、君主はさらに多数の人間を支配しているのであって、大規模な一族は小さな国家と何ら相違ないという考えである。そしてまた、一人の人間が残りの人間を意のままに支配しているのなら、それは君主であるが、政治的知識の規則に従って支配する側とされる側が入れ替わるのであれば、すなわちそれは政治家であるという。だが、こうした推論は間違っている。

このことは、我々がこれまで依ってきた方法によって明らかとなろう。つまり、他の分野において、合成されたものをこれ以上分割できないところまで（全体における最小の部分に達するところまで）分析しなければならないのと同じように、国家を構成している各部分を観察すれば、各々がどのように異なっているか、また先に挙げたいくつかの階級について体系的な知識を得られるかどうか、一層明らかになるだろう。

第二章

そこで、物事が一から生まれ育つところを見れば、他の物事同様この問題においても、もっともよくそれを観察することができるだろう。まず第一に、他者なくして存在できないものは、一対となるのが必然である。これは、男女が生殖のために一対になるが如きであって、人が選択してそうなるのではなく、他の動物や植物と同じように、種を保存せんとする生来の欲求によるものである。また生来の支配者と被支配者が、両者の保全のために一対になるのも同じである。なぜならば、心の働きによって将来を予見できる者は生来の支配者、生来の主人であって、肉体の労力によって実際の働きをなせる者は生来の奴隷、すなわち支配されし者だからである。ゆえに、主人と奴隷が一対となるのは両者にとって有益なのである。

自然はまた、女性と奴隷との区別を生み出した。自然は様々な働きを認識しており、デルフォイの短刀の如くすべてに役立つ単一の道具でなく、様々な道具を豊富にもたらした。なぜなら一切の道具は、ただ一つの目的に資するとき、もっともよく作られるからである。しかし野蛮人は女性と奴隷に同じ地位を与えている。なぜなら彼らは生来の支配者を持たず、彼らの共同体は男奴隷と女奴隷から成り立っているからである。それゆえ詩人は「ギリシャ人が野蛮人を支配するのは当然である」と言っているが、それは野蛮人と奴隷が本質的に同一であることをほのめかしている。

よって、これら二つ、すなわち女性および奴隷の共同体から最初に生まれるのが、家である。よって、詩人ヘシオドスが「まず手に入れるべきは家と妻、そして鋤を曳く耕牛」と言ったのは正しい。牛は貧しき人々にとっての奴隷である。日常の必要を満たすため、自然に即して構成されたこの共同体こそが家であって、カロンダスはその成員を「食卓をともにする者」と呼び、クレテのエピメニデスは「小屋を同じくする者」と呼んだのである。

8 史記

司馬遷〔紀元前一四五頃〜八七頃〕

前漢（紀元前二〇二〜八）の歴史学者。主著『史記』（全一三〇巻）は王朝史として集成された最初の中国史で、黄帝から武帝までを扱っている。

五帝本紀第一／黄帝

黄帝《こうてい》は少典《しょうてん》の子である。姓は公孫《こうそん》、名は軒轅《けんえん》といった。生まれながらにして神のように霊妙であり、幼くして言葉を話し、敏捷にして才智が優れていた。少年の頃から心根が厚く、才気敏速で、成人してからは聡明な人間だった。軒轅の時代、神農氏《しんのうし》の子孫の徳が衰えつつあった。諸侯が互いに攻め合い、民を苦しめていたが、神農氏はそれを抑えることができなかった。そこで軒轅は武器の使い方を習い、朝貢しない諸侯を征伐した。諸侯はみな軒轅のもとに服従した。

ところが蚩尤《しゆう》という者がいて、最も暴虐を振るっていたのだが、誰もこれを討伐できないでいた。炎帝《えんてい》が諸侯を侵略しようとしたところ、諸侯はみな軒轅《けんえん》に帰服した。軒轅はそこで徳を修め、兵をととのえ、五行の気を治め、五種の穀物を植えて実らせ、万民を愛撫し、四方の民の安定を図った。熊・羆《ひ》・豹《ひょう》・狐・虎などの猛獣を調教し、それらをもって炎帝と阪泉《ばんせん》の野で戦った。三度戦ってようやく、その志を遂げることができた。しかし蚩尤《しゆう》が乱を起こし帝の命令を聞かなかったので、黄帝《こうてい》は軍勢を諸侯から徴集して、蚩尤と涿鹿《たくろく》の野で戦い、これを捕らえて殺した。ついに諸侯は軒轅《けんえん》を尊んで天子とし、神農氏《しんのうし》の代わりとした。これが黄帝である。

天下に従わない者があると、黄帝はこれを征伐し、平定するとそこから立ち去った。山を切り開いて道を通し、いまだ落ち着いて暮らすことがなかった。東に向かっては海に至り、丸山に登り、泰山《たいざん》にまで足跡を残した。西に向かっては空桐山《くうとうさん》に至り、雞頭山《けいとうさん》に登った。南に向かっては揚子江に至り、熊山《ゆうざん》・湘山《しょうざん》に登った。北に向かっては匈奴《きょうど》を追い払った。また釜山《ぶさん》で諸侯と符を合わせて命令に違わなかったことを確かめ、涿鹿《たくろく》の平野に都市をひらいた。

このようにあちこち往来して一定の住処がなく、軍兵をもって自らの営衛とした。官名はみな瑞雲《ずいうん》にちなんで名付け、その長を雲師《うんし》とした。左右の大監を置いて万国を監督させたため、どの国も平和になった。鬼神山川《きしんさんせん》を天子自ら祭る封禅《ほうぜん》は、黄帝の行なったものが最も盛大だったという。また宝鼎《ほうてい》を手に入れ、日月を数え暦を作った。風后《ふうこう》・力牧《りょくぼく》・常先《じょうせい》・大鴻《たいこう》の四人を選び、民を治めさせた。天地の大法、陰陽の運行、死生の儀礼は存亡の変化に従った。四季の宜《よろ》しきに従って百穀《ひゃっこく》草木の種を蒔き、鳥獣虫蛾《ちゅうが》に至るまで黄帝の徳によって馴化し、日月星辰の運行、波の動き、土石金玉の有様を記録させた。心力耳目の限りを尽くして骨折り勤め、水や火、材物に至るまで節度をもって用いた。そのとき土徳《どとく》の吉兆があり、それが黄帝と号する由来となった。

黄帝《こうてい》には二十五人の子どもがいた。そのうち姓を与えられた者は十四人。黄帝は軒轅《けんえん》の丘にいたとき、西陵氏《さいりょうし》の娘を娶《めと》った。これが嫘祖《るいそ》である。嫘祖は黄帝の正妃で、二人の子を産んだ。この子らは後にみな天下を保った。第一子を玄囂《げんごう》といい、これが青陽《せいよう》である。青陽は天子の子という地位から下って江水《こうすい》に居住した。第二子は昌意《しょうい》といい、下って若水《じゃくすい》に居住した。昌意は蜀山氏《しょくざんし》の娘を娶った。これを昌僕《しょうぼく》といい、高陽《こうよう》を生んだ。高陽には聖徳があった。黄帝が崩じると橋山《きょうざん》に葬られた。そこで黄帝の孫、昌意の子である高陽が天子の位に登った。これが帝顓《ていせん》項《ぎょく》である。

9　旧約聖書

ユダヤ教の聖典。成立については諸説あり、いまだ決着を見ていない。原則としてヘブライ語で記載され、一部アラム語で記されている。なお、「旧約」というのはキリスト教から見たものであり、ユダヤ教では唯一の聖書であることから単に『聖書』と呼ばれる。

創世記／宇宙の創造

初めに、神は天と地をお創りになった。地はまったく不毛で何もなかった。荒れ狂う大洋がすべてのものをまったき闇に包み、神の霊がその上を舞っていた。

そのとき、神は「光あれ」とお命じになった。すると光が現われた。神はそれを見て善しとされた。続いて神は光と闇を分かち、光を「昼」、闇を「夜」と名付けられた。夜が過ぎ朝となり、こうして一日目が過ぎた。

神はお命じになった。「水を分かつ丸天井を。そして水を二つに分けよ」するとその通りになった。神は丸天井をお創りになり、それによって下の水と上の水を分けた。神はその丸天井を「空」と名付けられた。そして夜が過ぎ朝となり、こうして二日目が過ぎた。

次に神はお命じになった。「空の下の水は一箇所に集まり、乾いた場所が現われよ」すると、その通りになった。神はその乾いた場所を「大地」、集まった水を「海」と名付けられた。神はそれを見て善しとされた。神はお命じになった。「大地はあらゆる植物を育み、穀物と果物を実らせよ」すると、その通りになった。大地はあらゆる植物を育み、神はそれを見て善しとされた。夜が過ぎ朝となり、こうして三日目が過ぎた。

次いで神はお命じになった。「天に光現われ、昼と夜を分かち、季節と日と年を知らしめよ。そして大地を照らす光となれ」神は二つの明るい光をお創りになり、より明るい方をもって昼を、暗い方をもって夜を治めさせた。また神は星をお創りになって、それらを大空に置き、地を照らし、昼と夜を治め、光と闇を分かたせた。神はそれを見て善しとされた。夜が過ぎ朝となり、こうして四日目が過ぎた。

神はお命じになった。「水は生き物の群れで一杯となれ。大地の上を鳥の群れが飛べ」かくして神は、大きな海の怪物、水中で暮らすあらゆる種類の生物、そしてあらゆる種類の鳥をお創りになった。神はそれを見て善しとされた。神はそれらすべてに祝福を与え、「水中で暮らす者たちは産んで海を満たせ、鳥は産んで空を満たせ」と言われた。夜が過ぎ朝となり、こうして五日目が過ぎた。

神はお命じになった。「大地はあらゆる種類の動物を生み出せ。すなわちあらゆる種類の家畜、野に暮らす動物、そして地を這う動物を生み出せ」すると、その通りになった。神はそれを見て善しとされた。

次に神は仰せになった。「我々をかたどり、我々に似せて人間を作ろう。人間をもって、すべての魚と動物、すべての家畜と野に暮らす動物を治めさせよう」かくして神は自らに似せて人間をお創りになり、男と女とを創造された。そして彼らを祝福し、こう仰せになった。「多くの子を産み、大地を子孫で満たしてこれを治めさせよ。海の魚、空の鳥、そして大地に暮らすあらゆる動物を治めさせよ。

汝らの食糧として、あらゆる種類の穀物と果物を与えん。そして生きとし生けるすべての生き物、家畜、野に暮らす動物、そして鳥の食糧として青草を与えん」すると、その通りになった。神はそれを見て善しとされた。夜が過ぎ朝となり、こうして六日目が過ぎた。

かくして、天と地と、他のあらゆるものは完成した。神は行なわれていたすべてのことを七日目までに成し遂げ、そして休まれた。神は七日目を祝福し、それを聖なる日とされた。

これが、神が天地を創造された経緯である。

10 弁論家について　キケロ〔紀元前一〇六～四三〕

本名マルクス・トゥリウス・キケロ。古代ローマの雄弁家、政治家。紀元前六三年、執政官に就任。その後、アントニウス、レピドゥス、オクタヴィアヌスの三頭政治が成立すると逃亡を企てるも、アントニウス派の兵士によって暗殺された。『弁論家について』は紀元前五五年の刊行。

第一巻

一

弟クウィントゥスよ。昔の時代を心に呼び出し、想いを巡らせていると、我が共和国が全盛を迎える中、名誉ある地位と栄えある功績に彩られながら、公職にあっては危険に見舞われることなく、引退後も威厳を保っていられる人生を送れた昔の人々は、この上なく幸福だったと私には思われる。その私もまた、公職の道を辿り終え、果てしなく続く弁論の労苦や選挙運動の仕事に終止符を打った後、あるいは年齢による老いを迎えた後、静かに心身を休め、我々二人がかつて追い求めた輝かしき学問へと心を向ける日々を暮らしても、まったく差し支えなく、ほとんどの人がそれを許してくれるだろうと考えたときもあった。しかし、学問および将来の意図に関するその期待は、共和国を取り巻く状況から生じた深刻な危機だけでなく、我々自身の様々な個人的問題によって、見事に裏切られてしまった。静寂と静謐に最も満ちていると思われたその一時期こそ、実は最も大きな心労と、最も激しい嵐に見舞われた時期となってしまったのである。また、我々が子供のころから熱中した諸学問をさらに磨き、お前とともに研鑽に励むという余暇の楽しみは、我々の切なる願いにもかかわらず、結局与えられることはなかった。青年期には旧体制が崩壊する様に出くわし、執政官となってからは政争やありとあらゆる危機に巻き込まれ、執政官を辞してからはずっと、私の努力によって防がれ、完全なる崩壊という事態を妨げられはしたものの、代わって私自身に絶えず襲いかかった激浪との戦いだった。しかし、こうした困難な事態や時間的制約の中にあるとはいえ、私は学問への愛情に喜びを覚え、政敵の悪意や友人の訴訟に対処してなお得られるだけの余暇を、あるいは公職に携わってなお得られるだけの余暇を、まず第一に著述に捧げようと思う。クウィントゥスよ、私はお前の奨励と期待に必ずや応えるつもりだ。私への影響力という点で、また私への愛情という点で、お前に勝る人間はいないのだから。

二

ここで、昔の記憶を心に蘇らせなければならない。はっきりした記憶ではないが、最も雄弁かつ高名な弁論家が、弁論術全体に対してどのような意見を持っていたかという、お前の疑問への答えとしてふさわしい記憶だ。と言うのも、お前がしばしば私に語ったように、我々が少年のころ、あるいは青年のころ、ノートの抜き書きで仕上げたあの荒削りで未完成な原稿は、私の現在の年齢と、私が行なったあれほど多くの、またあれほど重要な弁論から得た経験に照らせば、ほとんど価値を持たぬものであるから、同じテーマについてより洗練され、より完成された何かを提示してほしい、とお前は願っていたからだ。またこのテーマについて我々が議論をする中で、お前は時に私と意見を異にし、雄弁とは最も博学な人々による功績の所産であるべきという私の見解に対し、雄弁は洗練された学識とは別のものとして考えられるべきであり、ある種の才能と実践に依拠していると、お前は考えた。

私自身、最も優れた人々、最も才能に恵まれた人々に思いを馳せる中で、弁論において賞賛すべき人々の数よりも、その他すべての職業において賞賛すべき人々のほうが多いのはなぜか、その理由を考察すべきではと考えたことがしばしばある。どんな分野でもいいから、心に浮かんだ分野のことを考えてみるとよい、そうすればどの分野でも、並みの分野だけでなく最高の学術分野であってさえも、卓越した人間を数多く見出すだろう。高名な人間の性質を測るのに、彼らが成し遂げた功績の有益性を用いるにせよ、あるいは重要性を用いるにせよ、将軍を弁論家の上位に置かない者がいるだろうか？　その一方、優秀な指揮官はこの国だけでも無数にいるのに、弁論の分野で卓越した人物が一握りもいないことは、誰もが疑わないだろう。

11　ガリア戦記　ユリウス・カエサル〔紀元前一〇一頃～四四〕

共和制期古代ローマの軍人、政治家。紀元前五九年に執政官となり、ポンペイウスおよびクラッススと三頭同盟を結ぶ。紀元前五八年より九年間にわたるガリア戦争を指揮、西方のローマ勢力を拡大させた。クラッススの死後、紀元前四八年にポンペイウス率いる元老院軍を打ち破り、独裁官となる。しかし紀元前四四年三月、共和制の復活を目指すブルータスら貴族によって暗殺される。『ガリア戦記』は紀元前五一年の刊行。

第一篇　侵略者の駆逐

第一章　ヘルウェティー族の撃退

ガリアは三つの地域に分かれ、それぞれベルガエ人、アクイタニ人、そしてケルタエ人と自らを呼び、我々の言葉ではガリア人と呼ばれている人々が暮らしている。これら部族は別々の言葉を話し、異なる制度と法を有している。ガリア人の領土はガロンヌ川によってアクイタニ人の領土と、マルヌ川およびセーヌ川によってベルガエ人の領土と分かたれている。これらの中でもっとも勇猛なのはベルガエ人である、なぜなら、ローマ属州の文化と教養から遠く隔たり、堕落の基となる贅沢品を売りつける商人も滅多に訪れず、またライン川を隔ててゲルマニア人と隣り合っているために、彼らと常に戦いを繰り広げているからである。同じ理由で、ヘルウェティー族もまた、他のガリア人より勇敢である。彼らはほぼ毎日のようにゲルマニア人と争い、相手を追い払うこともあれば、ゲルマニア領に侵略を試みることもある。ガリア人が占める領域はローヌ川、ガロンヌ川、そして大西洋によって区切られ、北に向かってベルガエ人の領土と接している。またセクアニ族およびヘルウェティー族の領地とはライン川で接している。ベルガエ族の領域はガリア人の領土の最北部から始まり、北東のほうで他の領地と境界を接し、ライン川下流へと伸びている。アクイタニ人の領地はガロンヌ川からピレネー山脈およびスペイン近くの大西洋沿岸までを含み、北西へと伸びている。

ヘルウェティー族で随一の家柄と富を誇っていた人物こそオルゲトリクスである。マルクス・メサラとマルクス・ピソが執政官だった年、オルゲトリクスは王権への欲望に突き動かされて貴族同士の陰謀を主導し、部族民を説得して一斉に国を離れた。その際彼はこう説得している。「我らこそガリアの地でもっとも優れた戦士であり、一国全体を征服するのはいともたやすい」と。彼らはその言葉に喜んで耳を傾けた。と言うのも、彼らの領土は自然の障壁に囲まれているからである。一方は幅が広く水深も深いライン川であり、ゲルマン族との境界をなしている。もう一方は険阻なジュラ山脈で、こちらはセクアニ族との境界をなしている。そしてもう一つの境界がジュネーヴ湖とローヌ川であり、ヘルヴェティア族とローマ属州との国境を形作っている。これらの障壁は彼らの行動範囲を狭め、近隣部族への攻撃をより一層難しいものにしていた。また好戦的な部族であることから、みな大いに悔しい思いをしていた。人口の多さ、軍事的な名声、そして勇敢であるとの評判の割に、自らの領土――東西二百四十マイル、南北百八十マイル――が不当なまでに狭いと感じていたのである。

こうした感情とオルゲトリクスの指導力に動かされ、彼らは牛と荷車を可能な限り数多く買い集め、トウモロコシを可能な限り刈り入れて道中の食料とし、隣人と平和的かつ友好的な関係を構築するなど、移動の準備を始めた。そしてこの準備には二年もあれば十分と見積もり、出発を三年後とする法律を通過させた。オルゲトリクスが準備の責任者に任命され、隣接する諸部族への使節を率いたのだが、その途中、カスティクスというセクアニ族の人間を説得し、父カタマンタレディスが持つ王の権力を奪い取るよう説得した。カタマンタレディスは長年にわたって部族の王として君臨し、元老院から「ローマ人の友」という称号を得ていた。

12 新約聖書

キリスト教の聖典。紀元一世紀から二世紀にかけてキリスト教徒たちによって書かれた。福音書、使徒言行録、書簡、黙示録から成る二十七の書から構成される。

マタイによる福音書

イエス・キリストの系図

アブラハムの子ダビデの子、イエス・キリストの系図。

アブラハムからダビデ王まで。アブラハムはイサクをもうけ、イサクはヤコブを、ヤコブはユダとその兄弟を、ユダはタマルとの間にペレツとゼラを、ペレツはヘツロンを、ヘツロンはアラムを、アラムはアミナダブを、アミナダムはナフションを、ナフションはサルモンを、サルモンはラハブとの間にボアズを、ボアズはルツとの間にオベドを、オベドはエッサイを、エッサイはダビデ王をもうけた。

ダビデ王から、イスラエルの人々がバビロンに移住させられた時まで。ダビデはウリヤの妻だった女との間にソロモンをもうけ、ソロモンはレハブアムを、レハブアムはアビヤを、アビヤはアサを、アサはヨシャファトを、ヨシャファトはヨラムを、ヨラムはウジヤを、ウジヤはヨタムを、ヨタムはアハズを、アハズはヒゼキヤを、ヒゼキヤはマナセを、マナセはアモスを、アモスはヨシヤを、ヨシヤはエコンヤとその兄弟をもうけた。

バビロンへ移住させられた時からイエスに至るまで。エコンヤはシャルティエルをもうけ、シャルディエルはゼルバベルを、ゼルバベルはアビウドを、アビウドはエリアキムを、エリアキムはアゾルを、アゾルはサドクを、サドクはアキムを、アキムはエリウドを、エリウドはエレアザルを、エレアザルはマタンを、マタンはヤコブを、ヤコブはマリアの夫ヨセフをもうけた。このマリアから、メシアと呼ばれるイエスがお生まれになった。

かくしてアブラハムからダビデまで十四代、ダビデからバビロンへの移住まで十四代、その後メシアの生誕まで十四代である。

イエス・キリストの生誕

イエス・キリストの生誕は次の如し。母マリアはヨセフと婚約していたが、二人が結婚するより早く、聖霊によって子どもを身ごもっていることがわかった。

ヨセフは善き人であり、マリアの面目を潰すなどは彼の望まぬところだったので、密かに結婚を取りやめようと決心した。

このように考えていると、主の遣わされた天使が夢に現われ、こう言った。「ダビデの子ヨセフ、恐れずマリアを妻に迎えなさい。マリアが身ごもったのは聖霊によるものなれば。マリアは男の子を産む。その子をイエスと名付けなさい。自らの民を罪から救う者なれば」

これらのことが起きたのは、全て、主が預言者を通じて言われたことを実現させるためであった。

「処女《おとめ》が男の子を産み、イマヌエルと呼ばれる」この名は「神は我らとともにおられる」という意味である。

かくして目を覚ましたヨセフは、主が遣わされた天使の命ずる通り、マリアと結婚した。

しかしマリアが男の子を産むまで、ヨセフは妻と関係を持たなかった。そしてヨセフは、その子をイエスと名付けた。

13 自省録　マルクス・アウレリウス〔一二一～一八〇〕

ローマ帝国五賢帝の一人。ハドリアヌス帝の後を継いだアントニヌス・ピウスの養子となり、一六一年のアントニヌス死去まで誠実に公務をこなす。穏やかな気性の持ち主だったが、治世中は異民族の侵攻に絶えず悩まされ続ける。アウレリウスの死後、ローマ帝国は衰亡の一途を辿るものの、彼自身は理想の皇帝として追慕された。

第一章

私は祖父ウェルスから寛大かつ謙虚であるよう、そしてあらゆる怒りや激情を慎むよう教えられた。父親の名声と記憶からは、慎ましさと男性らしい行動を教えられた。母からは敬虔であることと物惜みしないこと、悪事をせぬだけでなく、しようと思うことすら控えること、質素な食事で満足すること、そして金持ちにありがちな奢侈を避けることを教えられた。曾祖父からは公立学校と演説会に通うこと、自宅で優秀かつ有能な教師につくべきこと、そしてこのようなことに金銭を惜しむべきでないことを教えられた。

教師からは、競技場の試合では緑党にも青党にも肩入れせず、また円形闘技場においても、特定の剣士、すなわち短盾組にも長盾組にも味方しないよう教えられた。さらに、労苦に耐え、多くのものを必要としないよう教えられた。何かをするときは、誰かにしてもらうのでなく自分ですること、色々なことに首を突っ込まないこと、そして中傷を簡単に信じ込まないよう教えられた。

ディオグネートゥスからは、無駄なことに力を注がぬこと、そして呪文の力とか、それが悪魔や悪霊を追い払ったなど、魔術師や奇術師、あるいは詐欺師がいつも語る言葉に耳を貸さぬよう教えられた。闘わせるためにウズラを飼わないよう、またこうしたことに夢中にならないよう教えられた。他人の率直な話に腹を立てぬこと、そして哲学に親しむべきことを教えられた。また、まずバッケーイウスの、次いでタンダシスとマルキアヌスの教えを聞いたこと、若い頃に対話を書いたこと、そして藁床や毛皮などといった、ギリシャの規律によれば哲学を修める者にふさわしい物事を好むようになったことについても、ディオグネートゥスに感謝しなければならない。

ルスティクスからは、自分の人生を矯正し治癒する必要があるのを自覚させられた。次いで、詭弁家の野心に陥ってつまらない命題に関する論文を書いたり、美徳や哲学に関する演説をしたりして人々を疲れさせないこと、そして自分を有能な人間に見せかけるべきでないことを教えられた。さらに、修辞学や詩や美辞麗句を退け、長衣姿で家の中を歩き回らぬよう教えられた。さらに彼からは、手紙を書くときは気取った言葉や珍奇な言葉を排するよう教えられた。彼がシヌエッサで私の母に宛てて書いた手紙のように。また私を侮辱した人間が仲直りを求めたらすぐ、喜んで彼と和解し、以前と同じく寛大な態度をとるよう教えられた。注意深く読み、うわべだけの知識で満足しないこと、また広く流布している言説においそれと同意しないことを教えられた。さらに、エピクテトスの書物、および道徳に関する彼の論説と巡り会えたことについても、ルスティクスに感謝しなければならない。彼は自ら所有していたその書物を私にくれたのである。

アポロニウスからは真の自由と確固たる不動心を、そして正義と理性にのみ敬意を払うよう教えられた。この上ない苦しみの中にあっても、子供を失った時も、また長患いの間にも、常に同じ人間であるよう教えられた。彼はまた、同じ人間が一方では激烈でありながら、他方では怠惰であり得ることを私に教えた、生きた実例である。講義や演説で学者あるいは聴講生に話す時も、彼らの無能さに苛立ったり、腹を立てたりすることはなかった。さらに、優れた才能と能力を持ちながら決して自惚れることのない人間の典型であり、卓越した才と技をもってストア派哲学の基本命題や原理を教えた。また、友人から恩恵や親切を受けるにあたり、自分も相手も不快にさせず、必要以上に卑屈にならず、その一方で無神経かつ冷然と無視することなく、いかに振る舞うべきかを教えられた。

14 ゲルマニア　タキトゥス〔五五頃〜一二〇〕

古代ローマの歴史家。ローマで弁論術を学んだ後、政務官を経て九七年に執政官となる。主な著書として『歴史』（九八）と『年代記』（一一五〜一一七頃）があるものの、いずれも一部しか現存しない。

一

ゲルマニアに住む人々は、ガリア族からはレーヌス川によって、ラエティア族およびパンノニア族からはダーヌビウス川によって、サルマティア族およびダキア族からは山岳によって、また山岳のないところでは相互の恐怖によって、それぞれ隔てられている。領土の北部は海に囲まれ、広大な半島と島々にも、大洋が巡るように流れ込んでいる。そこでは、近年の戦争によって、今まで知られていなかった部族や王の存在が明らかになっている。レーヌス川は遠くラエティア・アルプスの急峻な峰に源を発し、わずかに西へと曲がって北方の海洋に注いでいる。ダーヌビウス川は、シュヴァルツヴァルトの穏やかな斜面を源とし、レーヌス川よりも多くの部族のそばを流れつつ、六つの支流に分かれて黒海へと注ぎ、また七番目の河口は沼沢地の中に没している。

二

ゲルマニア族自体は、その地に土着していて、隣接する部族による侵攻、ないし平和的な交際を通じ、外部の血統が混じることはほとんどなかった、と私は考える。移住を望む者は、陸地沿いでなく船でやって来たのであり、ゲルマニア沿岸のはるかかなたへ無限に広がる大洋は、侵略者の行く手を遮る一方、我々の住む世界から航海する者とて稀である。さらに、恐るべき未知の海洋に潜む危険は言うまでもなく、彼の地に生まれ育ったのでない人間が、小アジア、北アフリカ、あるいはイタリアをあえて離れ、荒涼たる土地、酷烈な気象、そして耕すだに無益、見るだに寂寂たる彼の土地にどうして赴こう?

古くから伝わるゲルマニア族の歌は、彼らの過去を今に伝える唯一のものだが、彼らはそれによって、大地から生まれた神トゥイスコーを讃えている。トゥイスコーの息子マンヌスは種族の始祖であり、自らも三人の息子をもうけたとされるが、その子らの名前にちなみ、海にもっとも近い部族がインガエヴォネス、内陸に住む部族がヘルミノーネス、その他の部族がイスタエヴォネスと呼ばれるようになった。専門家のなかには、かくも古い時代のことゆえ推測に頼らざるを得ないが、トゥイスコーは他にも多くの子供をもうけたと論じ、マルスィー、ガンブリヴィイー、スエービー、ヴァンディリイーといった部族の名前を挙げ、それぞれが本当の名前、そして古来の名前だとする者もいる。しかしゲルマニアという呼び名は新しいものとされており、最初にレーヌス川を渡ってガリア族の地を奪ったのが、今日ではトゥングリ族と呼ばれているものの、当時はゲルマーニと称されていた部族である。そして始めは種族全体を指すのでなく、一つの部族を指す名称に過ぎなかったものが、漸次広範囲に適用されるようになった。最初はガリア族を征服した者が、彼らを恐怖させるためにゲルマニアという名称を用いたのだが、やがてすべてのゲルマニア族がその新たな名称を自らに付し、そう名乗るようになったのである。

15 法華経（サッダルマ・プンダリーカ・スートラ）〔紀元一～二世紀頃〕

大乗仏教経典の一つで、二十八品の章節から構成される。成立年代には諸説あるが、おおよそ紀元一～二世紀頃とされている。梵語（サンスクリット語）の題は『サッダルマ・プンダリーカ・スートラ（正しい法〔教え〕である清浄な白い蓮華の経典）』であり、『法華経』は漢語における総称。漢語訳圏では鳩摩羅什訳の『妙法蓮華経』が最も広く流布している。

私は以下のように聞いた。

ある時、仏は王舎城《おうしゃじょう》（摩掲陀《まがだ》国の首都）の耆闍崛山《ぎしゃくっせん》（霊鷲山《りょうじゅせん》）に住しておられ、大比丘衆《だいびくしゅ》一万二千人と一緒にいた。みな阿羅漢《あらかん》であり、諸々の漏れ出る汚れはすでに尽き、煩悩もなく、悟りの境地に至るという己の目的を成し遂げ、諸々の迷いもなければこの世の束縛も断ち切っていて、心は自在を得ていた。

その名を、阿若憍陳如《あにゃきょうじんにょ》・摩訶迦葉《まかかしょう》・優楼頻螺迦葉《うるびんらかしょう》・伽耶迦葉《がやかしょう》・那提迦葉《なだいかしょう》・舎利弗《しゃりほつ》・大目犍《だいもくけん》連《れん》・摩訶迦旃延《まかかせんねん》・阿㝹楼駄《あぬるだ》・劫賓那《こうひんな》・憍梵波提《きょうぼんはだい》・離婆多《りはた》・畢陵伽婆蹉《ひつりょうがばしゃ》・薄拘羅《はくら》・摩訶拘絺羅《まかくちら》・難陀《なんだ》・孫陀羅難陀《そんだらなんだ》・富楼那弥多羅尼子《ふるなみたらにし》・須菩提《しゅぼだい》・阿難《あなん》・羅睺羅《らごら》といった。みな人々によく知られた大阿羅漢らである。

また、まだ学ぶべきことがある人たちや、もう学ぶべきことがない人たち二千人もいた。

摩訶波闍波提比丘尼《まかはじゃはだいびくに》（釈尊の義母）は、六千人の眷属《けんぞく》と一緒にいた。羅睺羅《らごら》の母である耶輸《やしゅ》陀羅比丘尼《だらびくに》（釈尊の出家前の妻）も、また眷属と一緒にいた。

菩薩・摩訶薩《まかさつ》の八万人は、みな、阿耨多羅三藐三菩提《あのくたらさんみゃくさんぼだい》（仏の悟りの智恵）を求めて後戻りすることなく、陀羅尼《だらに》を得て、自在に法を説く智力をもって退くことなく法輪を回し続けていた。無量百千の仏を供養《くよう》し、諸仏のもとで多くの善根をつちかい、諸仏から称賛されていた。慈悲をもって振る舞いを律し、善く仏の智慧に入り、大いなる智慧に通じていた。彼らは悟りの境地に到達し、その名はあまねく無量の世界に聞こえて、無数百千の衆生を救済していた。その名を、文殊師利《もんじゅしり》菩薩・観世音《かんぜおん》菩薩・得大勢《とくだいせい》菩薩・常精進《じょうしょうじん》菩薩・不休息《ふくそく》菩薩・宝掌《ほうしょう》菩薩・薬王《やくおう》菩薩・勇施《ゆうぜ》菩薩・宝月《ほうがつ》菩薩・月光《がっこう》菩薩・満月《まんがつ》菩薩・大力《だいりき》菩薩・無量力《むりょうりき》菩薩・越三界《おっさんがい》菩薩・跋陀婆羅《ばつだばら》菩薩・弥勒《みい》菩薩・宝積《ほうしゃく》菩薩・導師《どうし》菩薩といい、これらをはじめとする菩薩・摩訶薩八万人も一緒にいた。

その時、釈提桓因《しゃくだいかんにん》（帝釈天《たいしゃくてん》）は、眷属である二万の天子《てんじ》と一緒にいた。また、名月《みょうがつ》天子・普《ふ》香《こう》天子・宝光《ほうこう》天子・四大天王《しだいてんのう》をはじめ、眷属である一万の天子も一緒にいた。自在天子・大自在天子は、眷属である三万の天子と一緒にいた。娑婆《しゃば》世界の主である梵天《ぼんてん》王《のう》・尸棄大梵《しきだいぼん》・光明大梵《こうみょう》などは、眷属である一万二千の天子と一緒にいた。

八竜王《はちりゅうおう》もいた。すなわち難陀《なんだ》竜王・跋難陀《ばつなんだ》竜王・娑伽羅《しゃから》竜王・和脩吉《わしゅきつ》竜王・徳叉迦《とくしゃか》竜王・阿《あ》那婆達多《なばだった》竜王・摩那斯《まなし》竜王・優鉢羅《うはつら》竜王などであり、それぞれ百千ほどの眷属と一緒にいた。

四人の緊那羅《きんなら》王もいた。すなわち法緊那羅王・妙法《みょうほう》緊那羅王・大法《だいほう》緊那羅王・持法《じほう》緊那羅王であり、それぞれ百千ほどの眷属と一緒にいた。

四人の乾闥婆《けんだつば》王もいた。すなわち楽《がく》乾闥婆王・楽音《がくおん》乾闥婆王・美《み》乾闥婆王・美音《みおん》乾闥婆王であり、それぞれ百千ほどの眷属と一緒にいた。

四人の阿修羅王《あしゅらおう》もいた。すなわち婆稚《ばち》阿修羅王・佉羅騫駄《からけんだ》阿修羅王・毘摩質多羅《びましったら》阿修羅王・羅睺《らご》阿修羅王であり、それぞれ百千ほどの眷属と一緒にいた。

四人の迦楼羅《かるら》王もいた。すなわち大威徳《だいいとく》迦楼羅王・大身《だいしん》迦楼羅王・大満《だいまん》迦楼羅王・如意《にょい》迦楼羅王であり、それぞれ百千ほどの眷属と一緒にいた。

韋提希《いだいけ》（摩掲陀《まがだ》国の頻婆娑羅王《びんばしゃらおう》の后《きさき》）の子である阿闍世王《あじゃせおう》（父の頻婆娑羅《びんばしゃら》王を殺し、母を幽閉して即位。釈尊に敵対したが、後に帰依）は、百千ほどの眷属と一緒にいた。

それぞれ仏の足を拝み、退いて一面に座っていた。

16　カーマ・スートラ（インド）〔紀元四〜五世紀〕

四世紀から五世紀にかけて成立したとされる、古代インドの性愛論書。全七部三十五章から成り、当時のインド社会および人々の生活を知る上でも貴重な資料とされる。

第一部

第一章　序章

ダルマ（聖法）、アルタ（実利）、カーマ（性愛）への挨拶

初めに、万物の主は男女をお作りになり、十万章から成る戒律の形で、ダルマ、アルタ、カーマに関係して彼らの在り方を規制する掟を定められた。これら戒律の一部、すなわちダルマを扱ったものは、スワマンブー・マヌによって別途に書かれ、アルタに関連するものはブリハスパティによってまとめられ、カーマに言及したものはマハデヴァの門弟ナンディによって、千章にわたって説明された。

さて、ナンディによって千章を費やして書かれたこれら『カーマ・スートラ（愛の格言）』は、ウッドヴァラカの息子シュヴェタケツによって五百章に縮約され、それはさらに、プンチャラ

（デリーの南）国の相続人、バブラーヴィアによって、同じように百五十の章へと縮約された。これら百五十章は、次の表題を持つ七つの項目、あるいは部に分けられた。

第一部　サダラーナ（総論）
第二部　サンプラヨギカ（抱擁など）
第三部　カーニャ・サンプラユクタカ（男女の結合）
第四部　バリャディカリカ（自身の妻について）
第五部　パラディカ（他人の妻について）
第六部　ヴァイシカ（娼婦について）
第七部　アウパミシャディカ（誘惑術、強壮剤、媚薬などについて）

本作の第六部は、パタリプートラ（パトナ）の公娼たちの求めを受けて、ダッタカにより別途解説され、また同じように、シャラヤーナは第一部を説明した。残りの各部、すなわち第二部、第三部、第四部、第五部、第七部については、次のようにそれぞれ別個に解説された。

スヴァルナナバー（第二部）
ゴータカムハー（第三部）
ゴナルディヤ（第四部）
ゴニカプトラ（第五部）
クチュマラ（第七部）

かくして、それぞれの部が別々の著者によって記された本作は、入手がほとんど不可能であり、またダッタカおよびその他によって解説された各部は、各々に関連する主題のうち特定の部門しか扱っておらず、さらに、バブラーヴィアの元々の文章はその長さゆえに読みこなすのが難しかった。したがって、ヴァーツヤーヤナは上述の作者による各著作を縮約する形で、一つの小著にまとめたのである。

17 告白 アウグスティヌス〔三五四〜四三〇〕

通称ヒッポのアウグスティヌス。ヌミディア（現アルジェリア）のタガステに生まれる。信仰心の篤い母親によってキリスト教徒として育てられる。成人後ローマへ、次いでミラノへ移り、懐疑主義および新プラトン主義の影響を受ける。その後北アフリカに戻り、四〇〇年に『告白』を執筆、次いで四一二年から四一七年にかけて『神の国』を著した。

神の存在のもと、アウグスティヌスは記憶の奥深くを探り、彼の人生であるところの恩寵と謎に満ちた巡礼の旅を辿り、神のたゆまぬ全能の恩寵を讃える。いつまでも続く祈りの如く、彼は自らの幼年時代、言葉を覚えたときのこと、そして学校での体験をできる限り思い出す。そして最後に、感謝とともに神を讃える。

第一章

「主よ、あなたは偉大であって、大いに讃えられるべきである。あなたの力は偉大であって、あなたの知恵は無限である」そして人間は、あなたの創造物の一つであるがために、あなたを讃えようと欲する。人間は己の死すべき運命を身に背負い、己の罪の証しと、あなたが驕れる者に打ち勝たんとする証拠を身にまとっている。それでも、あなたのちっぽけなる創造物に過ぎない人間は、あなたを讃えんと欲する。あなたは人間を駆り立て、あなたを讃えることを喜びとさせる。あなたは自身のために私たちを造り、あなたの中で安らぐまで、私たちの心は安らがないからである。主よ、あなたに呼びかけるのが先か、あなたを讃えるのが先か、どうか知らせ悟らせてください。そして、あなたを知るのが先か、それともあなたを呼び求めるのが先かを。しかし、あなたを知らずして、あなたに呼びかけることができようか。あなたを知らない人間は、他の誰かをあなたとして呼び求めるかもしれない。あなたを知るようになるために、あなたに呼びかけるべきなのかもしれない。しかし、「人々は、いまだ信ぜざるものを、どうして呼び求めようか。教え伝える者なくして、人々はどうして信じよう」さて、「主を探し求める者たちは、主を讃えるだろう」と言うのも、「神を探し求める者たちは神を見つけ」、見つけたからには讃えるからである。主よ、私はあなたを探し求め、あなたに呼びかけるだろう。主よ、私はあなたより授かった信仰の中で、そしてあなたの御子の博愛と、あなたを教え伝える人たちの奉仕とによって私に生じた信仰の中で、あなたに呼びかけるでしょう。

第二章

さらに、私の神、すなわち私の主であらせられる私の神を、私はいかにして呼び求めよう。私は神に呼びかけるとき、私の中に入ってこられるよう求める。しかし私の中に、神の入ってこられる場所があるだろうか。天と地を造られた神が、どうして私の中に入ってこられよう。私の主であらせられる神よ、あなたを迎えることのできる何かが、果たして私の中にあるだろうか。あなたがお造りになり、そこで私をお造りになった天と地でさえ、あなたを迎え入れることができるだろうか。存在するものはすべてあなたなしでは存在しないのだから、存在するものはすべてあなたを迎え入れることができるよう、あなたはそれをお造りになったのであるか。ならば、私も存在するものであり、あなたが入ってこられなければ存在し得ないのだから、なぜあなたを迎え入れようと乞い願うのであるか。私はまだ陰府《よみ》にいるのではないが、あなたはそこにもおられる。「もし私が陰府に降りていっても、あなたはそこにおられる」したがって、私があなたの中に存在しないのであれば、私は存在しない——単にまったく存在しないだろう。すべてのものはあなたから、あなたによって、あなたの中に存在するのだから。その通り。主よ、まさにその通りである。私があなたの中に存在しているのであれば、私はどこにあなたを呼び求めるべきか。あるいは、あなたはどこから私の中に入ってこられるのであるか。私の神が私の中に入ってこられるために、私は天と地からどこへ行くのであるか。神はこう言われた。
「私は天と地を満たしている」

18 コーラン　ムハンマド〔紀元七世紀〕

イスラム教の聖典。唯一神アッラーフから、最後の預言者に任命されたムハンマドに下された啓示という形をとる。ムハンマドに初めて啓示が下されたのは、彼が四十歳だった六一〇年ごろとされ、その後六三〇年頃から編纂が始められた。全百十四章から成る。

第一章　開経

慈悲深き慈悲あまねくアッラーの御名において
アッラーを讃えよ、三界の主を
慈悲深き慈悲あまねく御方、裁きの日の執権者を。
あなたにのみ我らは仕え、あなたにのみ助けを求める。
我らを真っ直ぐな道に導き給え、
あなたが恩寵を与えし者、

あなたの御怒りに触れず、
また迷わざる者の道に。

第二章　雄牛

慈悲深き慈悲あまねくアッラーの御名において

アリフ・ラーム・ミーム

この経典を疑うことなかれ。それは畏れ身を守る者たちへの導きである。彼らは見えざるものを信じ、礼拝を守り、我らが与えしものを施す者たち、汝に下されたものと汝以前に下されたものを信じ、堅く来世を信じる者たちである。それらの者はその主に導かれ、本願を成就する。

誠に信仰せざる者たちは、汝が警告しようとしまいと同じで、信じることはしない。アッラーは彼らの心と耳を封じ、彼らの目には覆いがかかり、そして重い懲罰を与えられる。

人々の中には、「我らはアッラーと最後の日を信じる」と言いながら、信仰者でない者たちがいる。彼らはアッラーとその信仰者を欺こうとしているが、欺いているのは自分自身に他ならず、しかしそれに気づいていない。彼らの心には病があり、アッラーがそれを重くし給うた。彼らには自らついた嘘の故に厳しき罰が待っている。

また「地上で害悪を為すなかれ」と言われた彼らは、「我らは善を為す者に他ならず」と答える。まことに、彼らこそ害悪を為す者である。しかしそれに気づいていない。

そして「人々が信じるように信じよ」と言われた彼らは、「愚か者が信じるように信じよと言うのか?」と言う。まことに、彼らこそ愚か者である。しかし彼らはそれを知らない。

信仰深き者に出会うと、彼らはこう言う。「我らも信じる者なり」と。しかし悪魔と共にある者は「まことに我らは汝と共にある。我らはただ愚弄するのみ」と言う。アッラーは彼らを愚弄し、無法のうちに留めおき、果てしなく彷徨い続けさせ給うであろう。

これらの者は、導きと引き換えに迷誤を買った者たちで、その取引はなんの利益ももたらさず、また彼らは決して善導されることがない。

彼らは、火を熾し、それが周囲を照らした瞬間、アッラーによってその火を消され、闇の中に置き去りにされた者のようである。彼らは何も見えない。聾で、唖で、盲であり、戻ることはない。

あるいは、雷と稲妻を含んだ黒い雨雲の下、雷鳴が轟くたびに死を恐れて耳に指を差し込む者のようである。そして神は信ぜざる者たちを囲んでいる。稲妻は彼らの視力を奪わんばかりであり、光るたびに彼らは歩くものの、闇に包まれると立ち止まる。まことに、アッラーは望むがままに彼らの目と耳を奪い給うたであろう。アッラーはすべてのものに万能であらせられる。

人々よ、汝らの主に仕えよ。汝らを創り、汝ら以前の者たちを創り給うた汝らの主に。さすれば汝らは守られるであろう。主は大地を汝らの寝床に、空を天蓋に創り、天から水を降らしめ、汝の糧となる果物を実らせ給うた。故に、知っていながらアッラーに等しきものを置いてはならない。

Ⅱ

962　神聖ローマ帝国が成立
1096　十字軍の遠征が始まる（〜1270）
1339　英仏間で百年戦争が始まる（〜1453）
1453　オスマン帝国軍がコンスタンチノープルを占領、東ローマ帝国が滅亡する
1517　宗教改革が始まる
1526　インドにムガル帝国が興る
1533　スペインがインカ帝国を滅ぼす
1588　イギリスがスペイン無敵艦隊を撃破
1620　清教徒（ピューリタン）の一団が北アメリカに移住
1648　世界最初の近代的な国際条約とされるウェストファリア条約が締結され、三十年戦争が終結

19　マグナ・カルタ（イングランド）〔一二一五〕

一二一五年、イングランドのジョン王によって制定された憲章。大憲章とも。国王の権限を制限したもので、諸憲法の草分けとされる。この時代の王による憲章に共通する形式、すなわち貴族、役人、家臣への挨拶で始まり、王が名前を挙げた助言者の助言によって、以下の内容を了知すべきと続けている。

一

第一に、イングランド教会は自由であり、その完全なる諸権利と不可侵なる諸自由とを保持すべき旨、朕は神の前に認め、かつ朕および朕の後継人のために、朕がここに示す憲章によって永遠に確認した。朕は、朕と朕の男爵との間で紛争が発生する以前に、それがかくの如く遵守されることを欲する。それは次のことからも明らかである。すなわち、イングランド教会にとってもっとも重要かつ極めて本質的と考えられる選挙の自由を、朕は、純粋かつ自発的な意思によってこれを認め、朕の認可状をもってこれを確認し、朕の君主たる教皇イノセント三世より承認を得たからである。朕はそれを遵守し、また朕の後継者が誠実にかつ永遠にこれを遵守することを欲するものである。さらに朕は、朕の王国にあるすべての自由人、そして朕および永遠なる朕の後継者のために、彼らおよび彼らの後継人により、朕および永遠なる朕の後継者から取得され、保有されるべき、以下の自由を認めた。

二

朕の伯爵および男爵、もしくは兵役により朕の領土を直接保有したる者が死亡し、そのときに相続人が成年に達していて、「相続上納金」を支払うべきである場合、その相続人は、古来の「相続上納金」を支払えば、つまり伯爵の後継者はその伯爵領全体に対して百ポンドを、騎士の相続人はその騎士封土全体に対して多くとも百シリングを、また古来の封土の定義に従えばより少ない額を支払うべきその他の者は、その少ない額を支払えば、その相続財産を取得するものとする。

三

しかし相続人が未成年にして被後見の立場にある場合、彼は成年に達したとき、相続上納金あるいは負担金を支払うことなく、相続財産を取得するものとする。

四

未成年たる相続人の土地を後見したる者は、当該相続人の土地から、適切な量の産出物、適度の慣習的諸賦課、および適度の労役のみを取得するものとし、人あるいは物を毀損ないし破壊してはならない。また、朕が、このような未成年者の土地の後見を、州長官、ないしその産出物について朕に責任を負う別の者に委ね、その者が後見人として保有する物を毀損もしくは破壊した場合、朕はその者から賠償を受け、その土地は適法かつ分別ある二人の人物に委ねられ、朕、ないし朕がその産出物を与える者に対し、産出物についての責任を負うものとする。さらに、朕がこのような土地の後見権を誰かに譲与もしくは売却し、その者が破壊ないし毀損行為をしたならば、彼は後見権を失い、それは適法かつ分別ある二人の人物に移転され、上に記したのと同じ方法で朕に責任を負うものとする。

五

それに加え、後見人は、当該土地の後見権を保有している限り、そこに属する家屋、猟園、養魚池、貯水池、粉挽き小屋、およびその他のものを、その土地の産出物によって維持したうえで、耕作時期の必要に応じ、かつ産出物によって合理的に維持できる程度に応じ、鋤および「農耕手段」を備えた相続人の土地すべてを、彼が成年に達したときに返還するものとする。

20 神学大全　トマス・アクィナス〔一二二五〜七四〕

中世イタリアの哲学者、神学者。多数の著書を発表し、キリスト教会の知的権威となる。一二六六年から執筆を始めた『神学大全』は未完に終わるものの、彼の説はカトリック教会の一般的な考えを代表するものとなった。

第一部　聖なる教義の本質と範囲

我々の意図を適切な範囲内に収めるため、まずはこの聖なる教義の本質と範囲を検証する。それについては十の問われるべき事柄がある。

一、それは必要であるか。
二、それは学であるか。
三、それは一つであるか、あるいは多数であるか。
四、それは思弁的であるか、あるいは実践的であるか。
五、それは他の諸学と比べていかなるものか。
六、それは知恵と同じものであるか。

七、神はその主題であるか。
八、それは議論されるものであるか。
九、それは暗喩および明喩を正しく用いているか。
十、この教義の聖なる書は、複数の異なる意味で解釈されるものか。

第一項　哲学以外の学問を持つ必要があるか

反論一、哲学的学問以外の学問を持つ必要はないと思われる。「汝にとって高すぎる事柄を探ってはならない」（『集会の書』第三章第二十二節）とあるように、理性を超えるものを知ろうとしてはならないからである。また理性を超えないものについては、哲学的学問の中で完全に論じられている。ゆえに、哲学的学問以外の学問は必要ないのである。

反論二、さらに、学問は存在するもののみを扱い得る。なぜなら、知ることができるのは真なるもののみであり、存在するすべてのものは真だからである。一方、存在するすべてのものは哲学的学問の中で論じられ、神についても同様である。したがって、アリストテレスが『形而上学』第六巻で証明したとおり、哲学の一部として神学、すなわち「神の学問」が存在するのである。それゆえ、哲学的学問以外の学問は必要ない。

しかし反対に、『テモテへの手紙』（第二、第三章第十六節）には、「神感に導かれた書はすべて、教え、戒め、正し、正義に導くのに有用である」と記されている。しかるに、神感に導かれた書は、人間の理性によって築かれた哲学的学問には属さない。それゆえ、哲学的学問以外に、神感に導かれた学問が存在するのは有用である。

私は次のように答える。人間の理性によって築かれた哲学的学問以外に、神の啓示による学問が存在することは、人間の救済に必要である。その理由としてまず第一に、人間は神へと導かれているが、『イザヤ書』第六十四章第四節に「神よ、あなたを愛する人間のためにあなたが備え給うた事柄を、人間はあなたによらず見ることができない」とあるように、その目的は人間の理性による把握を超えている。しかし、その目的はまず始めに、自らの思考と行動をそれへと向けるべき人間によって知られなければならない。したがって、人間の理性を超えるある種の真実が神の啓示によって知らされることは、人間の救済にとって必要なのである。のみならず、人間の理性によって発見し得る神についての真理に関しても、神の啓示によってそれを教えられることが必要である。なぜなら、理性が発見し得る神についての真理は、わずかな人々だけに、長い時間をかけて、かつ数多くの誤謬を伴って知られるものだからである。神のうちに存在する人間の全救済は、この真理の認識にこそかかっている。ゆえに、人間の救済がより適切に、より確実にもたらされるために、神の真理が神の啓示によってもたらされることが必要なのである。それゆえ、理性によって築かれる哲学的学問以外に、啓示を通じて聖なる学問を修めることが必要である。

21 痴愚神礼讃

エラスムス〔一四六六～一五三六〕

オランダの人文主義者。司祭などの聖職を経てパリに移り、教師となる。その後イギリスへ渡り、ケンブリッジ大学で神学とギリシャ語を教えた。著書『痴愚神礼賛』は在職中の一五〇九年に書かれ、一五一一年に刊行されたものである。

人間たちが概して私のことをどう言っているか、この上なく愚かな者たちのあいだでさえ、いかほど悪し様に言われているか、私はよく知っていますけれど、私こそが――そう、この私だけが――、我が神聖なる力によって、神々や人々を喜悦させせられるのです。ぎっしり詰めかけた人々の前に一歩足を踏み出した瞬間、どの顔もいつにない楽しさにぱっと輝いたばかりか、しかめ面がきれいさっぱり消え失せた、というのがその証拠です。笑い歓声をあげるその笑顔はどれも明るく幸福に満ちていて、私を取り囲む人々の顔ときたら、ホメロスの神々同様に、ネーペンテースを少々混ぜた神酒のせいでほろ酔い加減のように思われます。つい先ほどまで、トロポニオスの洞窟から抜け出たみたいに、くたびれ果てた陰気な表情で座っていた人々が、です。そしていま、太陽が美しき黄金色の表情をこの地上に現わし、厳しい冬の後に生まれ出でた春が穏やかな西風を吹かせますと、あらゆるものが瞬く間にその様子を変え、新しい色と一種の若さとを取り戻します。それと同じく、この私を見るだけで、皆さんの表情ががらりと変わりました。偉大なる雄弁家であっても長い演説の前には準備が必要で、それでもなお心の中から不安を取り去るのは難しいのですが、私はそれを、ただこの姿を見せるだけで一瞬のうちにやってのけたのです。

さて、きょう私がなぜこんな奇妙な格好をしているのか、皆さんのお耳を拝借くださるなら、それをお聞かせしましょう――いやなに、お坊様の説教をお聞きになる耳ではなく、テキ屋やら、道化役者やら、あるいは道化師やらにそばだてている耳、我らが友ミダス王が、牧羊神パンに傾けたのと同じ耳で結構です。皆さんの前で詭弁家を演じてみたいと思っておりますが、とは言っても、子供たちの頭につまらない些細な物事を詰め込んでいたり、女顔負けのしつこい口喧嘩を教えたりしている連中のことじゃありません。賢者という不名誉な肩書きを避けるために、自ら詭弁家と呼ばれることを望んだ古の人々を真似ようというのです。これらの方々は、神々や英雄をひたすら讃えようと、称賛の辞を綴ることに意を尽くし、さればこそ、これから皆さんがお聞きになる称賛の辞は、ヘラクレスやソロンを讃えるものでなく、この私、すなわち痴愚女神を讃えるものなのです。

ここで申しますと、自分で自分を褒めるほど馬鹿で自惚れたことはないとのたまう、かの賢人とかいう者どものことを、私はそれほどのものとは考えておりません。いやむしろ、ふさわしいと認めてくれる限り、彼らが望むだけ馬鹿になれるのです。痴愚女神が自ら喇叭を吹き鳴らして自分のことを大いに讃え、「我を讃える賛歌をうたう」ことほど、理にかなったことがありましょうか？　私以上にこの私のことを描き記せる方がいるでしょうか？　もちろん、私以上に私のことをご存知の方がいれば話は別ですが。しかし総じて言えば、世に言う紳士諸賢や学者の方々よりも、私のほうがはるかに思慮分別を見せているかと存じます。なぜと申しますに、そうした方々の謙虚さときたらどこか歪んでおりまして、おべっか使いやらおしゃべり詩人やらにお金をつかませ、彼らの口から阿諛追従の言葉を聞こうとなさっているのですから。そんなものは真っ赤な嘘に過ぎないのですけど。こうした恥じらいに満ちた聞き手が、孔雀のように尾羽を広げ、頭を高く持ち上げていると、鉄面皮のおべっか使いが、取るに足らぬこの御仁を神々に喩え、これぞあらゆる美徳の完璧な鑑などと褒めそやすのです。言われた本人だって、そんな人物とは天と地ほどかけ離れていると先刻ご存知なのに。

22 ユートピア　トマス・モア〔一四七八〜一五三五〕

イギリスの政治家。ヘンリー八世のもとで大蔵大臣や大法官などの要職を務めるも、国王を国教会の長とすることに異議を唱えて投獄され、後に斬首される。著書『ユートピア』は一五一六年に刊行。

第一篇

いまだ敗北を知らぬ比類なき王者、イングランド国王ヘンリー八世陛下と、やんごとなきカスティリヤ王子チャールズ殿下とのあいだに最近いささか深刻な意見の相違が生じたため、陛下はこの件を議論し、最終的な解決を図るべく、友人のカスバート・タンストールとともに私をフランダースへ派遣された。タンストールは記録長官を務める素晴らしき人物で、長官職への任命は広く好評を博した。彼の博識と倫理について、ここで述べることはしない――友人を依怙贔屓していると思われることを恐れるのでなく、それらが私の筆致の及ばないほどに目覚ましすぎ、またあえて描写するまでもないほどよく知られているからである。明白なことに労力を注ぐなど時間の無駄だ。

我々はかねて打ち合わせたとおり、ブルージュで相手方の使節と落ち合ったが、みな目を見張るほどの人物だった。名目上のリーダーはブルージュ辺境伯で、立派な人物に見受けられた。しかし一番頭が良く、口も達者だったのはカッセル修道院長のジョージ・テムシスである。この人物は生まれながらの雄弁家で、また法律の専門家でもあり、その気性と長年の経験は、第一級の交渉者たるにふさわしいものだった。一度か二度の会合を経て、合意に至らなかった点がいくつかあったので、彼らは我々に数日間のいとまを請い、王子の意向をただすべくブリュッセルへ戻っていった。その間私は、自分の用事のため、アントワープへと向かった。

アントワープ滞在中、私のもとには訪問客が頻繁に訪れたものの、その中で一番気に入ったのが、当地に住むピータ・ジャイルズという若者である。この人は土地の名士で、町の重要な役職に就いていた。しかし彼の知性といい人格といい、これ以上私に強い印象を与えたものはなく、最高の地位に就く資格が十分あると思われた。素晴らしい人間なのはもちろんだが、非常に優れた学者でもある。相手がどんな人間であっても神経質なまでに公平である一方、友人に対する心からの親切、忠誠、そして愛情は、友情というものについて彼の右に出る者はいないのではないかと思わせるほどだ。ジャイルズ以上に謙虚で、誠実そのものの人間はおらず、そのうえ天真爛漫さを持ち合わせている。また陽気な話し手でもあり、相手の感情を傷つけることなくウィットに富んだ言葉を発することができる。四ヶ月以上も祖国を離れていた私は、イングランドに戻って妻や子供たちに会いたいと思っていたのだが、そうした望郷の気持ちも、彼と一緒にいることの喜び、そして飽くことを知らない会話によってかなりの程度緩和された。

ある日のこと、私はノートルダム寺院で執り行われるミサに出かけた。ノートルダムは荘厳な建物で、常に人で満ち溢れている。ミサを終えてホテルに戻ろうとしたところ、年かさの見知らぬ人と話すピータ・ジャイルズの姿が目に入った。相手は日焼けした顔に長々とあごひげを生やし、片方の肩からマントをぞんざいにぶら下げている。顔つきと服装からして船乗りに違いないと、私は即座に判断した。私に気づいたピータは、つかつかと近づき朝の挨拶を述べると、こちらが返答するより早く私を脇へと引っ張った。

「見えますか、あそこにいる男?」と、先ほどまで会話していた男を指して尋ねる。「一緒にあなたのもとを訪ねようとしていたのですよ」

「あなたのご友人なら」私は答えた。「喜んでお会いしますよ」

「どういった人間なのかお知りになれば、きっとお喜びになるでしょう。奇妙な外国やそこに住む人たちについて、彼ほど多くを語れる人間はいませんからね。あなたもそういったことにご興味がおありでしょう」

23 九十五箇条の論題

マルティン・ルター〔一四八三〜一五四六〕

ドイツの神学者、聖職者。銅山で働く坑夫の息子として、ドイツのアイスレーベンに生まれる。エルフルト大学で学び、一五〇七年に司祭へ叙階。一五一七年十月三十一日、教皇に罪を赦す権利はなく、免罪符は無意味であるとする『九十五箇条の論題』をヴィッテンベルク教会の扉に打ちつけた。

一五一七年十月三十一日
真理への愛とそれに光を当てる願望から、マルティン・ルター修道院長による統裁のもと、以下の論題がヴィッテンベルクにて討論される。参加できない者は書面にて討論に加わりたし。

主イエス・キリストの御名において。アーメン。

一、我らが主にして師であるイエス・キリストは、「悔い改めよ」と言われたとき、信ずる者の人生すべてが悔い改めであることを望まれた。

二、この言葉が秘跡としての悔悟、すなわち司祭によって執行される告白や贖罪を意味していると解することはできない。

三、しかしそれは内なる悔悟のみを意味しているのでなく、外側で働き肉を諸々の死に至らしめないのならば、内なる悔悟など無に等しい。

四、ゆえに、自己憎悪すなわち真の内なる悔悟が続く限り、つまり天国に入るまで、罰は続く。

五、教皇は、自分自身もしくは教会法の定めるところによって課した罰を除き、いかなる罰も赦す意図を持たず、かつ赦すことができない。

六、教皇は、神によって赦されたと宣言するか、あるいは神の赦しに同意するかしない限り、いかなる罪も赦すことはできない。ただし、当然ながら、自分の判断に留保されている場合は赦しを与えることができる。こうした場合に赦しを与える権利が侮蔑されるならば、罪はまったく赦されぬままであろう。

七、神は、すべてのことに謙虚ならず、神の代理すなわち司祭に服従しない者の罪を赦さない。

八、悔悟についての教会法は生ける者のみに課せられ、それによるならば、死にゆく者には何も課せられるべきではない。

九、ゆえに、教皇の聖霊は我らに優しい。なぜなら、彼は自らの神意によって、死および運命の対象となることを逃れているからである。

十、死にゆく者に対し、教会法による悔い改めを煉獄にまで留保する司祭は、無知で邪である。

十一、教会法による罰をこうして煉獄の罰に転ずることは、紛れもなく、司教たちが寝ている間に蒔かれた害毒の一つである。

十二、かつて教会法による罰は、真の悔悟を試すものとして、赦しの後でなく前に課せられた。

十三、死にゆく者は死によってすべての罰から解放されるのであって、教会法の定めに対してすでに死んでいるのであり、それらから自由になる権利を有している。

十四、死にゆく者の不健全なる魂、すなわち不完全な愛は、必然的に大いなる不安を伴う。愛が小さければ小さいほど、不安は大きくなる。

十五、（他の物事は言うまでもなく）この不安と恐怖はそれだけで煉獄の罰を成している。なぜならそれは、絶望の嘆きにもっとも近いからである。

十六、地獄、煉獄、そして天国の違いは、絶望、絶望に近いこと、そして救いの確信の違いと同じように思われる。

24 君主論 ニコロ・マキャヴェッリ〔一四六九〜一五二七〕

フィレンツェ共和国の外交官、作家。フィレンツェ共和国の使節としてヨーロッパを複数回旅行するも、メディチ家の復活とともに公職から退く。著書『君主論』は一五三二年に刊行されたが、一七八二年になってようやくルソーによって再評価された。

一、君主政体にはどれだけの種類があり、いかに成立したか

すべての政体、すなわち昔から今に至るまで、人々に権力を及ぼしてきたすべての支配権は、昔も今も共和政ないし君主政のいずれかである。君主政は、君主の血を引く者が支配者として代々君臨する世襲のものであるか、あるいは新興のものである。新興の君主政体は、ミラノのフランチェスコ・スフォルツァのようにまったく新たな存在であるか、スペイン王に支配されたナポリ王国の如く、それを成立させた君主の世襲政体に手足として付加された存在である。このようにして獲得された領土は君主の下で存在することに慣れてきたか、あるいは自由であることに慣れてきたかのいずれかである。また、君主は他人の武力によって新たな領土を得たか、あるいは自分自身の武力によって得たかのいずれかであり、それは運命のためもしくは優れた能力のためである。

二、世襲の君主政体

共和政体については別の場所で長々と論じたことがあるので、ここで論じるつもりはない。本書で論じるのは君主政についてのみであり、先に記した順序に従いつつ、君主政体がいかに統治され維持され得るかを論じる。

君主一族の存在に慣れた世襲の政体においては、支配を維持する上での困難が新興の政体に比べてはるかに少ない。世襲の君主は先祖伝来の統治制度を無視せず、変事のたびに適当な政策を用いるだけで十分だからである。そうすれば、君主が十分に勤勉であるなら、よほど巨大かつ異常な権力によってそれを奪われない限り、その統治をいつまでも維持することができるだろうし、統治権を奪われたとしても、その簒奪者が何かの形でつまづきさえすれば、いつでもそれを取り戻せるのだから。

その実例としてイタリアのフェラーラ公爵がある。一四八四年、彼はヴェネツィア人の攻勢に耐え、一五一〇年にはローマ教皇ユリウス二世の軍勢に攻められたが、はね返すことができた。それはひとえに、彼が君主の血筋に生まれついたからである。生まれながらの君主は攻勢に出る理由も必要性も少ないから、より愛されることになる。また並外れた悪徳によって憎悪をかき立てたりしない限り、領民に慕われるのは当然である。そして統治が連綿と続く中で、改革の記憶も理由も忘れ去られてゆく。一つの変化は次の変化をもたらす待歯となるからだ。

三、複合の君主政体

しかし新興の君主政体においては困難が浮かび上がる。まず第一に、その君主政体がまったく新しいものでなく、旧政体の新たな付属物に過ぎないのであれば（つまりそうした君主政体は全体として複合的と称し得る）、新興の君主政体にいつもつきまとう本源的な困難のために、政変が持ち上がる。つまり、よりよい将来を期待する人々は支配者を変えたがるのだ。この期待は彼らをして武器を取らしめるが、それは思い込みに過ぎず、事態の悪化を招いたと自ら身をもって知ることになる。このことは、当然かつ自然な別の必然性からも生じる。つまり君主というものは、軍事力の目標としたり、新たな征服につきものの困難な事態を無限に押し付けたりすることで、自らを新たな統治者に押し上げた人々を傷つけてしまう存在なのだ。結果として、その君主国を征服する際に傷つけた人々から反感を買うことになり、また自らをその地位に押し上げてくれた者たちを、彼らの思惑通りに満足させることもできない。それでいて彼らに恩義があるのだから、強力な薬を用いることもできないために、味方にとどめることもできない。いかに強力な軍事力に支えられた者であろうと、ある地域へ攻め入るためには、常に住民の善意を必要とする。フランス王ルイ十二世はたちまちミラノを占領し、たちまちそれを失った。最初の侵略の際は、ルドヴィーコ自身の軍勢がミラノを取り戻した。そこの住民たちが、期待していた目論見が外れ、あてにしていた利益を得られる見込みもなく、新たな侵略者に裏切られたと気づき、彼のために城門をひらいたからである。

25 天体の回転について

ニコラウス・コペルニクス〔一四七三～一五四三〕

ポーランド出身の天文学者、カトリック司祭。それまで主流だった天動説（地球中心説）に対し地動説（太陽中心説）を唱える。『天体の回転について』は一五四三年の刊行。また経済学の分野でも『貨幣鋳造の方法』（一五二八）という著作を残した。

第一巻

序論

人間の精神を刺激する様々な学芸の研究のうち、この上ない愛着と熱意とをもって行なうべきは、最も美しく、かつ最も知るべきことに関する研究であると、私は考える。それは崇高なる天体の回転、星の運動、大きさ、距離、出没、および天に関係するその他の現象の原因を扱う学問であり、そこでは最後に全体の形が説明される。美しいもの一切を含む、天国よりも美しい存在はなんであろうか？　それは天と地という名で呼ばれており、後者は純粋と装飾を、前者は造形を表わしている。哲学者の大半がそれを「目に見える神」と呼ぶのは、物質世界を超越した完全性のためである。芸術の価値が、その扱う主題によって判定されるならば、ある人々が天文学と呼び、他の人々が占星術と呼び、また古代人の多くが数学の成果と呼んだところの芸術こそ、至高のものと言えるだろう。事実、学芸の頂点にあり、自由な人間の最高なるものであるところのそれは、数学のほとんどすべての部門によって支えられている。算術、幾何学、光学、測量術、力学、そしてその他すべての部門が、天文学に貢献しているのだ。

一切の優れた学芸は、人間の精神を悪から引き出し善へと導くものであるが、天文学はより完全にその働きをなし、しかも極めて大きな知的快楽を与える。最も洗練された秩序によって確立され、神の摂理に導かれていると思しき物事に集中しているとき、それらを熱心に考え、ある種の親しみを持つことは、その人間を至高なるものへと突き動かし、あらゆる幸福と善を備えた事物の造り主を尊敬させずにはおくまい。詩篇作者が神の作品を喜び、神の御手の働きに喜悦したところで、至高なるものへの思索へと引き込まれるのでなければ、まったく無駄ではあるまいか?

天文学が国家に与える大きな利点と美徳（そして言うまでもなく、諸個人に与える無数の利益）は、プラトンが最もよく考察している。彼は『法律』第七巻において、時間を日と月と年に分け、国家が祭祀と生贄の儀式を忘れないようにする目的で、天文学を追求すべきとしている。なんらかの高等学問を教える人にそれが必要であることを否定する者は、プラトンによれば、馬鹿げた考えをしていることになる。太陽や月など星に関する必須の知識を持たない人が神のように振る舞い、あるいは神のようだと言われるなど、彼にとってはとんでもないことなのだ。

しかし、人間の学問というよりもむしろ神の学問とでもいうべき天文学は、崇高なる対象を考察する一方で、困難を伴わないわけではない。その主な理由として、ギリシャ人が「仮説」と呼ぶ天文学の諸原理および諸仮定が、このテーマを扱う人々の間に対立を引き起こし、ゆえに同一の見解を共有しなかったことが挙げられる。さらにもう一つの理由として、惑星の軌道と星の回転が、数学的正確さによって測り得ず、時の経過、そして以前になされた多数の観測によって、いわば手から手へと後代に伝えられるのでなければ、完全には理解できないことが挙げられる。アレクサンドリアのプトレマイオスは、素晴らしい才能と勤勉さにおいて当代随一であり、四十年以上にわたる観測によって天文学をほぼ完成させ、一切の裂け目を埋めたものと思われた。にもかかわらず、彼の体系から導き出される結論に合致しない物事が多く存在し、彼の知らなかったその他の運動がこれまでに発見されてきたことは、我々の知るところである。プリュタルコスもまた、太陽年を論じる中で、天文学者の才知をもってしても星の動きを理解し得ないと述べている。一年を例にとるならば、それに関する諸々の意見が互いに大きく異なっており、一年の正確な決定は多くの者に絶望視されていた。そのことはよく知られていると、私は信じる。また他の星についても状況は変わらない。

26 エセー ミシェル・ド・モンテーニュ〔一五三三〜九二〕

フランスの作家、政治家。ボルドーの市長を経て、文学の世界に入る。『エセー』は一五八〇年の刊行。彼のエッセイはシェイクスピアに引用され、ベーコンに模倣されるなど、文学史に多大な影響を及ぼした。

第一巻

第一章　人は様々な道を通って同じ結末に達する

我々に怒りを抱く人間が、復讐する力を持ち、自らの下に跪かせることができるとき、彼らを宥める最も普通の方法は、降伏して、彼らの同情と憐憫を刺激することである。しかし、これとは正反対の勇気、不屈、そして強固な意志が同じ結果をもたらしたこともしばしばある。

長きにわたって我がギュイエンヌ州を治め、そのご身分とご生涯のうちに極めて優れた高邁さと思慮深さをお見せになったウェールズ公エドワードは、リムーザンの人々に激怒しておられたので、その町を武力で奪い取ったのだが、見捨てられ皆殺しにされる運命にある庶民や女子供の慈悲を乞う声にもかかわらず、復讐を遂げるべく街の中へ押し進んだ。しかしそこで、三人のフランス人が信じられないほどの勇敢さだけで、勝ち誇り勢いに乗る公の軍隊を押しとどめているのを認め、かくも見事な勇気に対する敬意と尊敬の念から、初めて怒りの奔流を自らせき止めた。そして、この三人の騎士に端を発する慈悲の心は、やがて残る市民へも向けられていった。

エペイロス公スカンデルベグが部下の兵士を執拗に殺そうとしたとき、その兵士は卑屈と哀願の限りを尽くして公の怒りを解こうと試みたが、それも無駄に終わり、最後の手段として、剣を手にとり公と対決しようと決意した。彼のこの振る舞いに、主人の怒りはぴたりと止んだ。公は、部下の兵士によるかくも気高い決意を見て、それを嘉したのである。とは言え、この例は、公の驚くべき武力と剛勇を理解せぬ者には、別の解釈をされてしまうかもしれない。

皇帝コンラート三世は、バヴァリア公ゲルフェンを包囲したとき、いかなる屈辱的かつ惨めな降伏の申し出がなされてもそれを受け付けず、公とともに街に閉じ込められている貴婦人だけが、裸足のまま、持てるものだけを持って、その名誉を傷つけられることなく街を出てもよいという、より寛大な条件を与えてやった。すると彼女らは健気にも、夫と子どもたち、さらには公その人までも、自分の肩に担いで運び出そうとした。これを見た皇帝は、その崇高なる行動に感銘を受けて喜びのあまり涙を流し、それまで公に抱いていた身を焼き尽くすほどの激しい憎悪を捨て、公とその一族を寛大に扱った。

こういったやり方は、私の心をいともたやすく動かすだろう。憐憫と寛大に驚くほど弱い私にとり、怒りの感情を和らげるものがあれば、それは尊敬よりも同情のほうだと思う。しかし、この同情というものは、ストア派の人間からは悪とされている。苦悩する者を救うのは結構だが、それと一緒になって苦悩したり、心を動かされたりしてはいけないというわけだ。

上に記した実例は、目下の問題にふさわしく思われる。そうした偉大なる精神の持ち主が、それら二つの方法に責め立てられ、試されたとき、一方では屈することなく耐えながら、他方では揺り動かされ屈服するのを観察できるからだ。また、憐憫に心が挫けるのは、情にもろく、柔弱で、人が良すぎるせいだ、というのは真実かもしれない。「女、子ども、庶民といった比較的弱い性格の者たちが、もっともこれに陥りやすい。しかし歎願や涙を撥ねつけ軽蔑し、勇気という神聖なる像への崇敬のみに服するのは、強く不屈なる魂が、男らしい頑固な勇気を愛し奉る結果に他ならない」と。しかしながら、それほど崇高でない精神の中でも、驚嘆や感嘆の念が同じ結果を生むかもしれない。それにはテーベの人々を見るといい。彼らは、許された期限を過ぎてもなお武装を続けたという理由で、自分たちの将軍二人を死刑にすべく裁判にかけたのだが、身を滅ぼす非難に屈じ、なりふり構わず自分を弁護したうえ、哀訴と嘆願をひたすら繰り返すペロピダスを無罪にしようとはしなかった。それとは対照的に、自らの功績を雄弁に語り、傲慢かつ不遜な態度で彼らの忘恩と不正義を非難したエパメイノンダスに対しては、これ以上裁判を進める気も起こらず、この人物の高邁なる勇気を大いに讃えて裁判を解散したではないか。

27 随筆集 フランシス・ベーコン〔一五六一～一六二六〕

イギリスの哲学者、政治家。ケンブリッジ大学で学び、弁護士を経て一五八四年に国会議員となる。その後、枢密顧問官などの要職を歴任、一六二一年に子爵となった。しかし賄賂のかどをうけて投獄され、後に赦免されるが、公職に復することはなかった。『随筆集』の初版は一五九七年。

一 真理について

真理とは何か、とピラトは嘲りながら問い、しかして答えを待とうとはしなかった。確かに、絶えず考えを変えることに喜びを感じ、ある信念に固執することを束縛と捉え、思考においても行動においても自由な意志を好む人々がいる。そして、そうした流派の哲学者が残らず去ったといえども、それと同じ気質の、考えがころころ変わる人々は一定数残っている。その違いは、古代の人々に見られた情熱が、彼らにはないだけである。しかし、人々が真理を見出そうとする際の困難や労力のため、またあるいは、真理が見つかったとき、人々の思考はそれに束縛されるがために、嘘が好まれるというわけではない。それは嘘そのものを愛する、自然な、それでいて堕落した心のためである。後期ギリシャ学派の一人はこの問題を検討する中で、嘘への愛着には一体何があるのかと首をひねり、人が嘘を愛したところで、詩人のごとき喜びを得るわけでも、商人のように利益を得るわけでもなく、結局嘘そのもののうちに原因があるのではないかと考え、当惑している。私にはよくわからない。真理というものはむき出しになったありのままの陽光であって、俗世間の仮面劇や無言劇、あるいは勇壮なパレードといったものを、蠟燭で照らすが如く、堂々と優美に見せるものでは決してない。真理は、日中に最もよく見える真珠くらいの値打ちはあるかもしれないが、あらゆる光の下で輝きを放つ、ダイヤモンドや柘榴石の値打ちには及ばない。嘘を混ぜることは、確かに喜びを増す。人の心の中から、空虚な意見や、心を弾ませる希望や、誤った評価や、想像といったものを取り除けば、貧しく萎んだものだけが残り、憂鬱と不快で一杯になったうえ、自分でも愉快でないものになってしまう。それを疑う者は果たしているだろうか？　初期キリスト教の教父の一人は激烈な言葉で、詩を「悪魔の酒」と呼んだ。それは想像を満たしはするが、虚飾の影が常につきまとう、というのが理由である。しかし先に述べたように、実際に害をなすのは、心を過ぎ行く嘘ではなく、心に沈殿し、いつまでも消えることのない嘘である。しかし、人間の堕落した判断や感情において、これらのことがどういった形をとっているかとは別に、それ自身によってのみ判断を行なうところの真理は、次のことを教えている。すなわち、真理に求愛し求婚するところの真理の探求、真理が実存するところの真理の知識、そして真理を楽しみ、人間の本質における至上の善であるところの真理の信念である。神が幾日もの仕事を通じて最初にお創りになったのが感覚の光であり、最後にお創りになったのが理性の光である。そしてそれ以降の安息日の仕事は、その聖霊をあまねく照らすことである。まずはじめに、物質すなわち混沌の顔に光を吹きかけた。次に人間の顔に光を吹き込んだ。以来、選ばれし者の顔に光を吹き込んでおられるのである。他のものに劣りかねないその一派に、美しさを加えたかの詩人は、さすがに素晴らしい言葉を残している。

「岸辺に立って船が海へ押し出されるのを見るのは楽しい。城塞の窓辺に立ち、眼下の戦いとその成り行きを見るのは楽しい。しかしどんな楽しみであっても、真理の高み（その丘は見下ろされることがなく、空気は澄みうららかである）に立ち、眼下の谷で繰り広げられる誤ちや迷い、霧やあらしを眺めることに比べられるものはない」

そしてこのような眺めには、高慢や誇りではなく、憐憫の伴っていることが常に望ましい。当然ながら、人の心を慈愛の中で動かし、神の摂理の中で休ませ、真理の両極を軸として回らせるものこそ、地上における天国である。

28

星界の報告　ガリレオ・ガリレイ〔一五六四〜一六四二〕

イタリアの天文学者、数学者。ピサ大学で学び、後にパドヴァ大学で数学を教える。そこで屈折望遠鏡を改良、初めて天文学に利用した。『星界の報告』は一六一〇年に刊行。コペルニクスの理論を熱心に支持したため、教会から厳しく非難され、宗教裁判にかけられる（一六三三年）。その結果、自説の撤回を余儀なくされる。

新たな筒眼鏡の助けを借りて最近なされた、月面、銀河、星雲、および無数の恒星、ならびにこれまで未知であったメディチ星という名の四つの惑星に関する観測を含む天文学的報告

私はこの小論において、自然現象の観測者が観察および考察すべき、非常に重要ないくつかの問題を提起する。それらが重要なのは、まず第一にそこに内在する素晴らしさのため、第二にその完全なる新しさのため、そして第三に、この問題を私に示し理解するのを可能たらしめた器具のため、である。

これまで、人工の視力に頼ることなく観察された星の数は有限である。ゆえに、これまで観測されていなかった無数の星、以前から知られていた星の十倍以上の数の星が、それぞれ異なるものとして人間の目に見えるようになったことは、大いなる偉業と言えよう。

地球の半径のほぼ六十倍の距離を隔てている月が、わずか二倍しか離れていないように見える。実に美しく心踊る光景ではないか。つまり、肉眼で見たときよりも、直径は約三十倍、表面積は約九百倍、体積はほぼ二万七千倍に見えるわけだ。結果として、月の表面は平らかつ滑らかではなく、地球の表面と同じで荒く起伏に富み、巨大な隆起、深い谷、そして褶曲が至る所にあるということを、我々は感覚的な確かさをもって知ることができるのである。

さらに、銀河に関する論争を終息させ、その本質を理性的かつ感覚的に明らかにすることは、決して些細な問題と捉えるべきではないだろう。加えて、天文学者がこれまで星雲と呼んできた星の本質を指摘し、従来信じられていたものとは完全に異なっていることを示すのも、実に素晴らしく喜ばしいことだろう。しかしながら、ひときわ大きな驚きを引き起こし、私をして天文学者や哲学者の注意を引きつけるに至らしめたのは、これまで天文学者の誰も知らず、かつ誰にも観測されたことのない四つの惑星を、私が発見したことである。それらは、金星や水星が太陽の周りを回るように、数ある既知の星の中でもひときわ明るい星の周りを周回し、時にはその星の前に、時には後ろに位置しながらも、決して一定以上離れることはない。これらの事実はいずれも、慈悲深き神の啓示に導かれて考案した筒眼鏡の助けを借り、数日前に発見し観測したものである。

おそらく、これよりいっそう優れた発見が、同種の器具を用いて、私もしくは他の観察者によってなされるだろう。ゆえに私はまず、その器具の形状と構成を、考案した経緯と合わせて簡単に記し、次いで観察の記録を述べることとする。

十ヶ月ほど前、あるオランダ人が筒眼鏡を製作した、という報告が私の耳に入った。それを使えば、観察者の目からずっと離れて存在する対象物が、あたかも近くにあるかの如くはっきり見えるというものであり、その素晴らしい性能を立証する報告もなされたとのことだった。信じる者もいれば、否定する者もいた。数日後、フランスの貴族ジャック・バドゥヴェールの手紙がパリから届き、その話が事実であることを確かめた。ついに私は、まず筒眼鏡の原理を調べ、次いで同種の器具を発明すべくその手段を見つけ出す決心を固めた。それからしばらく経ち、私は屈折作用の理論を深く研究することでそれに成功し、まず鉛の筒を用意して、その両端にガラス製のレンズを取り付けた。いずれのレンズも片方は平面だが、裏は一枚が凸、もう一枚が凹となっている。そして凹レンズに目を近づけると、対象が十分大きく、かつ近くにあるように見えた。つまり、肉眼で見たときよりも距離は三分の一に縮まり、大きさは九倍に見えたのである。その後すぐ、対象物が六十倍以上に拡大される、より精密な筒眼鏡を作った。そしてついには、労力も費用も惜しむことなく、ひときわ優れた器具を製作した。それを使えば対象物がほぼ千倍に拡大され、肉眼で見たときよりも三十倍以上近くに見えるというものである。

29

方法論序説

ルネ・デカルト〔一五九六〜一六五〇〕

フランスの哲学者、数学者。イエズス会系の学校で学び、終生カトリック教徒だった。一六四一年に出版された著書『省察録』の中で、かの有名な「我思う、ゆえに我あり」を主張する。またその他の主著として『方法論序説』が一六三七年に刊行されている。

一

良識はこの世界でもっとも公平に分配されているものである。なぜなら、我々の誰もがそれを豊富に与えられていると考えており、他のことでは何一つ満足できない人さえも、良識に関しては、自分の持っている以上のものを望まないからである。この点について、誤解は考えにくい。むしろそれが示しているのは、正しく判断し、正誤を区別する能力、すなわち良識ないし理性と呼ばれるものは、すべての人に生まれつき平等に備わっているということ、そして結果的に、我々の意見が多様なのは、我々の一部が他の者以上によりよく理性を働かせることができるからでなく、各人の思考がそれぞれ異なる方向へ導かれ、かつ同じ物事を検討していないから、ということである。すなわち、単に良識を持つだけでなく、使いこなせるか否かが重要なのである。この上なく偉大なる精神は、最高の美徳だけでなく最低の悪徳をもなし得るのであり、ごくゆっくりとしか歩かない者であっても、正しい道から外れさえしなければ、走って道を逸れる者よりも、はるかに遠くへ進めるのである。

私自身、いかなる点においても、自分の精神が並外れていると考えたことはない。事実、一部の人間が有している、素早く明瞭に考える能力、くっきりとして明確な想像を形作る能力、そして豊富かつ容易に辿ることができる記憶力を持ちたいとしばしば願ったものである。さらに私は、精神の完成に資する性質を、上の諸性質以外に知らない。なぜなら、理性あるいは良識に関する限り、それこそが我々を人間たらしめ、他の人間と区別する唯一のものだから、誰においても理性と良識は完全かつ完成されていると私は信じるものであり、この点においては哲学者の一般的な意見に従いたいのである。その意見とはつまり、ある特定の種において個体間の差は偶発性だけであって、各個体の形態とか本質に差はないのである。

しかしはばかることなく言うと、私は自分を非常に幸運な人間と思っている。私は若いころから確かな道に乗り、それによっていくつもの見解や行動原理に導かれた。そしてそこから、徐々に知識を増やし、少しずつ高め、私の凡庸な精神と短い生涯が許す限りの到達点へと至るべく、その方法を作り上げたのである。私はすでにその方法から収穫を得ているので、自分自身の評価については、自負よりもむしろ懸念を抱こうと常に心掛けている。また人間の様々な行動や事業を哲学者の目で見ていると、そのほとんどが無益かつ価値のないものに映ってしまう。それでも私は、真実の探求において自分が成し遂げたと思しき業績にこの上なく満足しており、単なる人間としての活動において、完全に善でありかつ重要なものが存在するならば、それは私の選んだ活動であるという希望をどうしても抱いてしまう。

とは言え、私は間違っているかもしれず、銅やガラスのかけらを、金やダイヤモンドと誤解しているのかもしれない。自分自身と密接に関係することについて、我々はともすればいとも簡単に誤解しがちであり、友人による評価が自分にとって都合のよいものなら、それを疑うべきであると、私は信じている。しかし私は、この序説の中で、自分が辿った道を明らかにし、私の人生を一枚の絵として提示できること、そしてそれを各人に評価してもらい、世間がどう考えているかを知り、それによって自分を教育する新たな方法を、現在用いているものに付け加えられることを幸福に思う。

30 リヴァイアサン　トマス・ホッブス〔一五八八〜一六七九〕

イギリスの哲学者。当時の社会的混乱を目の当たりにし、『市民論』（一六四二）など政治に関する著作を数点著す。主著『リヴァイアサン』は一六五一年に刊行されたが、無神論者として異端視された。

序説

自然（神がそれによって世界を作り、世界を統治する技術）は他の多くの物事においてと同じく、人工的動物を作り得るということにおいても、人間の技術によって模倣される。生命は四肢の動きに他ならず、その始まりは内部の主要な一部分にある、ということを見れば、すべての自動装置（時計のようにばねと車輪で自ら動く機関）は人工的生命を持っていると、なぜ言えないことがあるだろう？　心臓はばねに他ならず、神経は幾条もの紐に他ならず、関節はいくつもの車輪に他ならず、それらが製作者の意図した通りに、身体全体を動かしているのではないだろうか。技術はさらに進み、自然の最も理性的にして優れた作品、すなわち人間を模倣する。すなわち技術によって、コモンウェルスないし国家《ステート》（ラテン語ではキウィタス）と呼ばれる、かの偉大なるリヴァイアサンが作られるのであって、それは人工的人間に他ならない。リヴァイアサンは自然人よりも背が高く力強い存在であり、自然人を守り防衛するよう意図されている。主権は身体全体に生命と動きを与えるという点で人工の魂であり、為政者たちおよび司法と行政に携わるその他役人たちは、人工的関節である。また賞罰（それによって主権と結び付けられたすべての関節と四肢は、自らの責務を遂行すべく動かされる）は、自然人の身体と同じように動作する神経である。構成員の富と財産一切は力であり、人民の福祉（人民の安全）は義務であり、知る必要のあるすべてのことを提示する顧問官たちは記憶であり、平等と法律は人工の理性と意思であり、調和は健康、騒乱は病気、そして内戦は死である。そして最後に、この政治体の諸部分を最初に作り、集め、結合させた協定と盟約は、創造の際に神が発したかの命令、すなわち人間を作ろうという言葉に似ている。

この人工的人間の本質を記述するため、私は以下のように論を進める。


最初に、その素材と製作者を考える。それらはいずれも人間である。

第二に、どのようにして、またいかなる盟約をもってそれが作られるか、主権者の権利、および正当な力ないし権威とはどのようなものか、そしてそれを維持ないし解体するのは何かを考える。

第三に、キリスト教的コモンウェルスとは何かを考える。

そして最後に、暗黒の王国とは何かを考える。


最初の考察について言えば、知恵とは書物を読むことでなく、人間を読むことで得られるものだという、最近はやりの言葉がある。結果として、自らの賢明さを証明する手段を他に持たないこれらの人々は、互いに相手の背中から容赦なく非難し合うことで、自分が人間の中に何を読み取ったかを示して大きな喜びを感じている。しかし近ごろでは理解されていないもう一つの言葉があって、苦労を厭わないのであれば、人々はそれによって互いを本当に読み合えただろう。それは汝自身を読めという言葉であり、現在用いられているように、権力の座にある人間が下位者に向ける無慈悲な態度を黙認すること、あるいは身分の低い人々に優越者への無礼な振る舞いを奨励することを意味しているのではなく、我々に次のことを教えているのである。すなわち、ある人間の思考と情念は他の人間の思考および情念と似ているのであって、自分自身に目を向け、思い、考え、推論し、期待し、またあるいは恐怖したとき、自分が何を、どういった根拠でするかを考える人間は誰しも、同様の場合における他者の思考と情念がいかなるものかを、読み知ることができるのである。

31 懐疑的化学者　ロバート・ボイル（一六二七〜九一）

アイルランド出身の化学者、自然哲学者。イートン校を卒業後、六年間のヨーロッパ生活を経て科学の研究に専念する。一六六一年に出版された『懐疑的化学者』の中で当時の四元素説（この世界の物質は火・空気・水・土の四つの元素から構成されるという説）を批判する。また六二年には、気体の圧力と体積は反比例するというボイルの法則を打ち立てた。

第一部

（カルネアデスは語る）

私はエレウテリウスの言葉を何一つ否定するつもりはありません。私はあなたのお仲間の前で、懐疑派の役をうまくこなそうと決心したのですが、あなたが望む通り、しばらくの間、逍遥学派や化学派に反対する者としての役割は伏せておきましょう。そして、それら学派の見解に対する私の反論を聞いていただく前に、化合物体を成す一定数の元素という説を支持する場合、複合物体の分析からなされたかの偉大かつ有名な論証に、何を付け加えることができるかを、知っていただきたいと思います。その後で、この論証に反駁することが可能になるでしょう。

さらに、私の言うことをもっと容易に検討し、よりよく判断することができるよう、なんの前提もない明確な命題を多数投げかけましょう。これから述べることの多くが、化合物体には一定数の成分があるという説に賛成だろうと反対だろうと、逍遥学派の四元素説や化学派の三元素説に当てはまることは、言うまでもなく自明です。しかし私は化学派の三元素説に対していくつかの反論があります。化学派の仮説は何にも増して経験によって支えられていると思われますので、主としてそれへの反証を挙げることが得策でしょう。とりわけ、それに対してなされる反駁の大半は、ほんの少し変えるだけで、より一層現実味が薄いアリストテレスの学説に対する、少なくとも強力な反論にはなるでしょう。

そこでまず、次の命題を提示します。

命題一、化合物体が最初に生まれたとき、自然界の他の部分にあった普遍的物質は、ある大きさと形を有し、様々に移り変わる微粒子に分かれたと考えても、不合理ではないと思われる。

（カルネアデスは語る）

これについては、あなたもすんなりとお認めになると思います。と言いますのも、物質の発生、腐敗、成長、衰弱のときに起きる事象はもとより、感知すら極めて難しい物体のごく微小な部分でさえも顕微鏡によって観察し得ること、あるいは化学派による化合物体の溶解法や、錬金術による火を用いたその他の操作によって、物体はどれも様々な形を持つ非常に微小な部分によって構成されていることが、十分に示されるからです。さらに、そうした微小な物体が様々に運動していることは、ほぼまったく否定し得ないでしょう。エピクロスによって示された塊の基本粒子説を認めようと、あるいはモーゼの述べたことを認めようと、それが変わることはありません。まず第一に、あなたもよくご存じの通り、すべての化合物体だけでなくその他の一切のものは、アトムが偶然に、かつ様々に衝突することで生じたものであり、広大な、あるいはむしろ無限なる空虚の中を、内なる原理によってあちらこちらへと動いているのです。霊感を授けられた歴史家であるモーゼは、偉大にして賢明なる造物主が直ちに植物や動物、鳥をお造りになったのではなく、彼が水と土と呼んだところの、以前から造られ存在していた、物質の構成要素からそれらをお造りになったと伝えています。このことから私たちは、それら新たな物体を形作った構成微粒子は、物体へと結び付けられ、様々な結合や組織によってその物体を成すべく、多種多様に運動したことを認識するのです。

32 パンセ　ブレーズ・パスカル（一六二三～六二）

フランスの数学者、物理学者、作家。物理学者として気圧計や注射器を発明し、また「パスカルの原理」で後世に名を残す。没後の一六六九年に出版された『パンセ』は、パスカルが生前に記した覚書の断片をまとめたものである。

一

数学的精神と直観的精神の違い。

まず前者について言えば、原理は明白であるものの、通常用いられることは少ない。したがって、それに不慣れなために、そちらへ目を向けるのは難しい。しかし目を向けさえすれば、原理はくまなく見える。また、不健全極まる精神の持ち主でない限り、見逃すことさえ難しい明々白々たるそれらの原理から、誤った結論を引き出すことはない。

一方、直観的精神の場合、原理は通常どおりに使用されており、誰であっても見ることができる。そちらへ目を向ける必要もなければ、無理をする必要もない。それは単によい目を持つかどうかの問題であり、事実、よくなくてはならない。なぜなら、こちらの原理は極めて難解で数も多いので、何も見逃さないということがほぼ不可能だからである。さて、原理を一つでも見落せば、過ちにつながる。そこで、すべての原理を見渡せる澄んだ目を持つだけでなく、既知の原理から誤った結論を引き出すのを避けるべく、正確な精神を有していなければならない。

ゆえによい目を持つ数学者は、直観的であることだろう。自分の知る原理から誤った結論を引き出すことがないからである。また直観的精神の持ち主は、馴染みのない数学の原理に目を向けることができたなら、数学者となるはずだ。

したがって、ある種の直観的精神の持ち主が数学者でないのは、自分の精神を数学の原理に適用できないからである。しかし数学者が直観的精神の持ち主でないのは、自分の目の前にあるものが見えないからである。また彼らは明白かつはっきりとした数学の原理に慣れ、自らの原理をはっきりと見て手にするまで、いかなる結論をも引き出さないので、原理をこのように適用できない直観を必要とする物事を前にすると途方に暮れてしまう。これらの原理はほとんど見ることができず、見ると言うより本能で知覚するものであり、自分で自覚できない者にそれを伝えるには、極めて大きな困難が伴う。これらのものはごく微妙で数も多いため、それを知覚し、その知覚にしたがい正しく公平に判断するには、極めて繊細で、はっきりとした感覚を必要とする。ほとんどの場合、それを数学におけるように論理立てて提示することはできない。必要とされる原理が手元になく、またそうしたことを企てても際限がないからである。その事物は、少なくともある程度までは、一目ですぐに見ることができるはずであり、しかもそれは一連の推論によるものではない。ゆえに、数学者が直観的精神を有している、あるいは直観的精神の持ち主が数学者であるのは稀なことであって、その理由は、数学者はこれらの直観的事物を数学的に扱おうとするからである。そして、まず定義から始め、次いで原理に進もうとして物笑いの種となる。それはこの種の推論を進める方法ではない。と言っても、精神がそのような推論をしないというのではなく、静かに、自然に、造作無くするというのである。それを表現するのは人間の力の及ばぬところであり、理解できる人間すらほとんどいない。それとは逆に、一目で判断することに慣れた直観的精神の持ち主は、自分では何一つ理解できない命題、必要な予備知識たる定義と原理があまりに無味乾燥なため、詳しく見ることに慣れていない命題を突きつけられると尻込みし、結果として怖気づき嫌になってしまう。

しかし不健全な精神は直観的でも数学的でもない。

それゆえ数学者に過ぎない数学者は、すべてが定義と原理によって説明される限り、健全な推論を行なう。さもなければ、彼らは不健全で鼻持ちならない。なぜなら、彼らは明瞭に定義された原則からしか健全に推論しないからである。

一方、直観的に過ぎない直観的精神の持ち主は、これまでの業務で一度も見たことがなく、通常の経験にはまったく存在しない、思弁的・観念的な事物の第一原理と向き合うだけの辛抱に欠けている。

33 エチカ バールーフ・デ・スピノザ〔一六三二〜七七〕

オランダの哲学者、神学者。主な著作として一六七〇年に刊行された『神学政治論』があり、また『エチカ』は没後の一六七七年に出版された。

第一部 神について

定義

一 私は自己原因を次のように理解する。すなわち、その本質が実在を伴うもの、つまり実在としてしかその本性を認知できないものである。

二 同じ本性を有する別のものによって限定され得る事物は、それ自体の種類の中で有限と言われる。

例えば、物体は、より大きいものが常に認知されているので、有限と言われる。よって思考は別の思考によって限定される。しかし物体が思考に限定されることはなく、思考が物体に限定されることもない。

三　私は実体を次のように理解する。すなわち、それ自体の中にあって、それ自体を通じて認知されるもの、つまりその観念を形作るにあたり別の事物の観念を必要としないものである。

四　私は属性を次のように理解する。すなわち、ある実体について、その本質を構成していると、知性が知覚しているものである。

五　私は様態を次のように理解する。すなわち、実体の特性、つまり他のものの中にあって、それを通じて同じく認知されるものである。

六　私は神を次のように理解する。すなわち、絶対的に無限の存在、言い換えれば、無限の属性で構成されている実体であり、属性の一つ一つは永続的かつ無限の本質を表わしている。

説明

私は「絶対的に無限」と言うが、「それ自体の種類の中で無限」とは言わない。単に自己の種類の中だけで無限であるなら、無限に多いという属性を否定できるからである（すなわち、我々は、その本性に関連しない無限の属性を認知し得る）。しかし絶対的に無限のものは本質を表現し、否定を伴わないものはすべてその本質に属する。

七　ただその本性が必要とするところによって存在し、それ自体によってのみ機能すると定められたものを、自由と呼ぶ。しかし他のものによって存在を定められ、ある種の限定された様式の中で効果を生み出すものは、必要、あるいはむしろ強制と呼ばれる。

八　私は永遠を次のように理解する。すなわち、永遠なる事物の定義だけから必然的に現われると認知される限りにおいて、実在そのものである。

説明

そうした実在は、事物の本質同様、永遠の真理として認知され、その点において、期間や時間によって説明できない。たとえそうした期間に始まりや終わりがないと認知されていても、である。

公理

一　一切のものはそれ自体の中にあるか、別のものの中にある。

二　別のものを通じて認知できないものは、それ自体を通じて認知されなければならない。

三　ある特定の原因から、必然的に結果が生じる。反対に、特定の原因がなければ、結果が生じることはあり得ない。

四　結果の認識は、その原因の認識に依存し、かつそれを伴う。

五　互いに共通するもののない諸事物は、互いを通じて理解されることがなく、ある事物の観念が別の事物の概念を伴うこともない。

六　真の概念はその対象と一致しなくてはならない。

七　ある事物について、それが存在しないものと認知され得るなら、その本質は実在を伴わない。

命題一　実体は本質的に、その特性に先立つ。

論証

定義三と五から明白。

命題二　異なる属性を有する二つの実体は、互いに共通するものを持たない。

論証

これも定義三から明白である。なぜなら、各々がそれ自体の中にあり、それ自体を通じて認知されるはずだから、言い換えれば、一方の観念が他方の観念を伴わないからである。

命題三　もし諸々の事物が互いに共通するものを有さないのであれば、それらのうち一つが別の事物の原因となることはあり得ない。

論証

互いに共通するものがなければ、（公理五により）それらは互いを通じて理解されることがあり得ず、ゆえに（公理四により）一方の事物が他方の事物の原因となることはあり得ない。

34

自然哲学の数学的諸原理

アイザック・ニュートン〔一六四二～一七二七〕

イギリスの物理学者、数学者、天文学者。ケンブリッジ大学で学ぶ。ロバート・フックとの往復書簡を経て万有引力の法則を解明したのは一六八四年のことである。一六八七年には『自然哲学の数学的諸原理』を刊行する。

定義

定義一、物質量は物質の密度と体積をかけ合わせて得られる、物質の計測値である。

ゆえに、二倍の密度を持ち、二倍の空間を占めている空気は、物質量において四倍であり、三倍の空間を占めている場合、その物質量は六倍である。圧縮または液化によって濃縮される雪や塵、粉末についても同じように考えられる。またどんな原因にせよ、様々な方法で濃縮されたあらゆる物体についても同じである。物体の各部分の隙間に自由に浸透する媒質については、そのようなものがあったとしても、ここでは考慮しない。以下の各所において、物体あるいは質量という単語で私が意味するのは、この物質量のことである。またこの物質量は、それぞれの物質の重量として知られている。と言うのも、後に示す通り、私はごく精密に作られた振り子による実験を通じ、それが重量と比例することを発見したからである。

定義二、運動量とは、物質の速度と物質量とをかけ合わせて得られる、運動の計測値である。全体の運動は、各部分の運動の総和である。ゆえに、速度が一定の場合、物質量が二倍になれば、物体の運動量は二倍となる。また速度が二倍になれば、運動量は四倍となる。

定義三、固有力、すなわち物体の内在的能力とは、その状態にある限り、静止していようと、あるいは直線上を一様に移動していようと、現在の状態を維持しようとする、すべての物体に内在する抵抗力のことである。

この力は物体の物質量に比例するものだが、質量の静止性と何ら変わることはなく、言い方が違うのみである。物体が静止状態から、あるいは運動している状態からたやすく脱することがないのは、この静止性のためである。ゆえにこの固有力は、もっともよく内容を表わす言葉として、慣性力と呼ぶことができよう。しかし物体は、それに加えられた別の力がその状態を変えようとするときにのみ、この力を働かせるに過ぎない。またこの力を働かせることは、抵抗とも衝動とも捉えることができる。現在の状態を保つため、加えられた力に抗うなら、それは抵抗である。一方、別の物体の力に容易に屈せず、かえってそちらの物体の状態を変えようとするなら、それは衝動である。抵抗はふつう静止状態にある物体のものとみなされ、衝動は運動状態にある物体のものとみなされる。しかし運動状態と静止状態は、広く考えられているように、相対的に区別されるに過ぎない。また静止状態にあると広く考えられている物体が、必ずしも真の静止状態にあるとは限らない。

定義四、外力とは、ある物体が静止状態にあろうと、あるいは直線上を一様に移動していようと、その状態を変えるため、それに及ぼされる作用である。

この力は作用の中だけにあって、作用が終わればもはや物体の中にとどまっていない。なぜなら、物体はその固有力のみによって、一切の新たな状態を維持するからである。また外力は、衝撃、圧力、求心力など、様々な原因がある。

定義五、求心力は、物体を中心となる一点に引き寄せたり、押しやったり、あるいは何らかの方法でそちらへ向かわせる力のことである。

35 人間知性論　ジョン・ロック〔一六三二〜一七〇四〕

イギリスの哲学者。オックスフォード大学で学び、のちロイヤル・ソサエティ会員に選出される。一時オランダに亡命するも一六八九年に帰国。一七〇四年まで請願局長を務めた。主著『人間知性論』は一六八九年の刊行。

第一巻　生来の観念について

第一章　序論

知性の探求は楽しく有益

一　人間をして、知覚を有する他のあらゆる存在の上に置き、すべての点でそれらよりも優れさせ、支配させるものは知性であるから、知性はその高貴さから言っても、我々が探求の労をとるに値する主題である。知性は目と同じく、我々に他のあらゆる事物を見させ、感知させる一方、それ自体のことは知覚しない。さらに、知性を遠くに置いて、それ自体の対象とするには、技術と労力を必要とする。しかしその探求を妨げる困難がどういったものであれ、自分自身について我々を闇に包むものがなんであれ、自分自身の心を照らす光のすべて、自分自身の知性について知ることのできるすべては、非常に楽しいだけでなく、我々の思考を他の事物の探求へと向けるにあたって大きな利益をもたらすだろう。

意図

二　ゆえに、人間の知識の由来、確実性、そして範囲を探求し、合わせて信念、意見、そして同意の根拠と程度を探求することが私の目的であるから、さしあたっては精神の肉体的側面に拘泥することはしない。つまり、精神の本質はどこに存在するかとか、精神のいかなる運動、あるいは肉体のいかなる変化によって、我々の器官がなんらかの感覚を持つようになるのか、または我々の知性がなんらかの思考を有するようになるのかとか、さらには、これらの思考が形成されるにあたって、その一部あるいは全てが物質に依存するか否かについて、ここでわざわざ調べることはしないのである。これらはいずれも推測に過ぎず、いかに興味深く面白そうであろうと、私の現在の意図からは外れているので、探求の対象とはしない。人間の洞察機能が対象に携わる様子を検討さえすれば、現在の目的には十分だろう。さらに、我々の知性が事物に関するこれら概念を得た経緯、そして我々の知識の確実性に関する尺度、および人々の間に見出される信念の根拠を、史実に基づいた簡明な方法で記述できるならば、こうした場合に考えるであろうことがまったくの間違いではないと、私は想像するものである。人々の信念は極めて多様でそれぞれ異なっており、まったく矛盾しているが、どこかしらで非常な確信と自信をもって主張されるのであり、人間の意見を眺め、その対立を観察し、同時にそれら意見に対して持つ執着と情熱、それらを主張する際の断固たる決意と熱烈さを考察する者であれば、真実なるものなどまったく存在しない、もしくは、真実についての確実な意見を持つにあたり、人間はその十分な手段を有していないと考えるのももっともだろう。

方法

三　よって、意見と知識の境界を探し出し、絶対確実な知識を持たない事物に関し、我々がいかなる尺度をもって同意を規定し、信条を和らげるべきかを検討することは、有益なことである。そのため、私は次の方法を取ろうと思う。

第一に、これらの思考、概念、あるいは何と呼んでも差し支えないが、人間が観察し、自分の精神にあると意識しているものの由来を検証する。同時に、それらのものが知性に備わる道筋を探求する。

第二に、知性がこれら思考によってどんな知識を持つのか、そしてその確実性、証拠、および範囲を示す。

第三に、信念および意見の本質と根拠を検証する。ここで言う信念および意見とは、我々が真と認めた仮説に対して与えながら、その真実性について我々がまだ絶対確実な知識を持たないもの、すなわち同意を指す。またここでは、同意の理由と程度を検証する機会もあるだろう。

36

弁神論

ゴットフリート・ヴィルヘルム・ライプニッツ〔一六四六〜一七一六〕

ドイツの哲学者、数学者。ライプツィヒ大学とアルトドルフ大学で学ぶ。幅広い分野で活躍し、一七〇〇年にはベルリンにプロイセン科学アカデミーを設立、初代院長となった。『弁神論』は一七一〇年に刊行された。

信仰と理性の一致に関する緒論

一、まずは信仰と理性の一致、および神学における哲学の効用について予備的疑問を提示する。と言うのも、その疑問は本論の主題に大きな影響を与えるものであり、ベール氏も至る所でそれを提起しているからである。二つの真理が互いに矛盾することはなく、信仰の対象は神が尋常ならざる方法で啓示した真理であり、理性は諸々の真理を結びつける鎖、とりわけ(信仰と比べた場合)人間精神が信仰の光に助けられずとも自然に到達できる真理の鎖であると、私は考える。理性(つまり厳密かつ真正な理性)をこのように定義したことは、曖昧な捉え方でそれを痛烈に非難する人間を驚かせた。つまり私に、理性に関することのような説明など聞いたことがない、と言ったのである。実のところ彼らは、このような問題について自分の意見をはっきり表明した人間と、一度も話し合ったことがない。とは言うものの、私が述べた意味合いで理解するのであれば非難には及ばないと、彼らは私に打ち明けた。理性が時に経験と対比して語られるのも、これと同じ意味である。理性は真理の鎖の中にその本質があり、経験が理性に与える諸真理を結びつけた上で、そこから複合的な結論を引き出すことができる。しかし経験とは全く異なる純粋かつ単純な理性は、感覚から独立した諸真理にのみ関係している。さらに、信仰と経験を比較することもできる。信仰は（それに正当性を与える根拠という点では）、啓示の基礎をなす奇跡を目撃した人間の経験に依拠し、あるいは聖書によって、または聖書を守ってきた人々の記録によって、それら経験を我々へと伝えた、信頼に足る伝統に依拠しているからである。そのことは、中国を目にした人々の経験、および彼らの記録の信憑性に我々が依拠しているのと似たようなものである。このとき我々は、かの遠い異国について語られた数々の神秘に、信憑性を与えているのである。また私は、聖霊の内的運動についても述べるものである。聖霊は魂を捉え、善へと向かうよう、すなわち信仰と慈愛へ向かうよう説得し促すが、それに何らかの動機付けは必要としない。

二、ところで、理性の真理には二つの種類がある。一つは「永遠の真理」と呼ばれるもので、絶対的に必要なものであり、それへの反対は矛盾を孕んでいる。このような真理の必然性は論理的、形而上的、そして幾何学的であって、合理的な否定は不可能である。また他には実証的と称し得る真理が存在する。それらは神が自然に与え給うた法則であり、あるいは神に依存する真理である。それは経験を通じて、すなわちアポステリオリに得られることもあれば、理性によってアプリオリに、すなわちその真理を選択せしめた物事の適合性を考察することで得られることもある。この適合性にも規則と理由があるものの、適合的なものが好まれ、実在へとそれをもたらすのは神の自由意志であって、幾何学的な必然性ではない。故に、自然的必然性は道徳的必然性を土台としている、すなわち神の知恵にふさわしい賢人の選択を土台としていると言えよう。そしてこれら二つの必然性はいずれも、幾何学的必然性とは区別されなければならない。自然の秩序を成し、運動の規則や他の一般的法則に存在しているのはこの自然的秩序である。それら一般的法則は、神が事物を存在させる際にそこへ与えるのをよしとしたものである。それゆえ、神がこれら法則を与えるとき、そこに理由があったのは真実である。と言うのも、神は気まぐれで何かを選んだり、あるいはまったく無差別に選んだりすることはないからである。しかし神をしてその選択をさせた善と秩序の一般的理由は、高次の秩序によるより強力な理由のために凌駕されることもあるかもしれない。

III

1600　関ヶ原の戦い
1688　イギリス名誉革命
1760頃　イギリスで産業革命が始まる
1775　アメリカ独立戦争が始まる（〜1783）

37 権利章典（イギリス）〔一六八九〕

イギリスの不文憲法を構成する法律の一つ。イングランド王ジェイムズ二世の追放・廃位後、一六八九年十二月十六日に上下院の奏上のもと成文化された。現在でも法文は有効とされ、イギリス憲法の一部をなす。

ウエストミンスターに召集せられた聖俗の貴族および庶民は、この王国に属する臣民の全階級を、適法、完全、かつ自由に代表し、一六八八年二月一三日に、当時ウィリアムおよびメアリーの名前と称号で知られており、正式に臨席しておられたオレンジ公および女公両陛下に対し、上記の貴族ならびに庶民が作製した宣言文を捧呈した。その文言は以下の通りである。

先王ジェイムズ二世は、その用いた諸々の邪悪な顧問官、裁判官、ならびに大臣の補佐を受け、新教およびこの王国の法律と自由を、次の手段で破壊し一掃しようと企てた。

●国会の同意なしに、法律を無視し、法律およびその執行を停止する権限を我が物にし、かつ行使した。

●前記の権限に同意することは許していただきたいと、恭しく嘆願したという理由で、多数の有徳なる高位聖職者を収監し、訴追した。
●教会関係の訴訟事件を処理させるため、宗務官法廷なる裁判所を開設すべく、御璽を押した授権状を作製し、執行せしめた。
●大権の名を借り、議会が認めたものと異なる時期および方法で、王の使用に供する金銭を徴収した。
●議会の同意なく、平時において常備軍を集めてこれを維持し、法に反して宿泊させた。
●旧教徒が法に反して武装し雇傭されていたのと時を同じくして、新教徒たる善良な臣民多数の武装を解除した。
●国会でのみ審理されるべき事項および訴訟について、王座裁判所で訴追したのみならず、様々な恣意的かつ不法な行為をなした。
●さらに近年、不公平で腐敗し、かつその資格のない人物が陪審員として裁判に関わり、とりわけ大逆罪の審理においては、土地の自由保有権を持たない者が多数陪審員となった。
●刑事事件で収監された者に対して過重な保釈金を求め、臣民の自由のために作られた法律の恩恵を受けられないようにした。
●高額の罰金が課され、違法かつ残虐な刑罰が行なわれた。
●有罪の決定もしくは判決がなされる前に、その者に課せられる罰金や資産没収について、いくつかの恩恵または約束をなした。

これらのことはすべて、この王国の既知の法律および自由と、完全に、かつ真っ向から反している。

前記のジェイムズ二世が政務を放棄し、王位は空位となったため、オレンジ公殿下（王国を旧教的・恣意的な権力から救うべく、この方を栄光ある道具としたことは、全能の神を喜ばせた）は（聖俗の貴族ならびに庶民の主たる人物多数の助言に従い）、新教徒たる聖俗の貴族に書簡を送られ、またいくつかの州、都市、大学、自治領、ならびに五つの港にも別の書簡を送り、彼らの宗教、法律、および自由が再び破壊されることのないよう、一六八八年一月二十日、ウエストミンスターに召集され開会される国会に、彼らを代表する権利を有する人々を選ぶよう伝えられた。そしてこの書簡を基に選挙が行なわれた。

38 光についての論考 クリスティアーン・ホイヘンス（一六二九～九五）

オランダの物理学者、天文学者。光の波動説を提唱するとともに、土星の輪の発見、および振り子時計の発明で知られる。一時期フランス科学アカデミーの会員にもなったが、やがて生まれ故郷のハーグに戻った。『光についての論考』は一六六〇年の刊行。

第一章　一直線に伸びる光線について

幾何学が適用されるすべての科学におけるように、光学に関する論証も経験から導き出された諸真理を基礎としており、光線が直線状に伸びるという事実も同じである。すなわち反射角と入射角が等しいこと、また屈折において光が正弦法則に従って曲がることは、今やよく知られた事実であって、先行する諸法則に劣らず確かである。

これまで光学の様々な分野に言及した人々の大多数は、これらの真理を仮定することで満足していた。しかし中にはより探究心旺盛な人々がいて、その起源と原因を調べたいと願っていた。彼らはそれ自体を、自然の驚嘆すべき効果と考えたのである。そうしていくつかの天才的な業績を成し遂げたが、その中で最も知性溢れる人たちさえも、さらに優れ、より一層満足できる説明を求めようとは望んでいない。ゆえに私は、この問題についてこれまで熟考してきたことをここに提示しようと思う。それは自然科学におけるこの分野の解明にできる限り寄与したいがためであるが、そうした説明をなんら理由なく、最も難しいものの一つと見なしてはならない。それらの事柄を覆う奇妙な曖昧さを最初に打ち払い、知的推論によってそれらを説明できるであろうと、我々に希望を与えてくれた人たちに対し、私は多くを負っていることを自覚している。しかし他方、決定的とは程遠い推論が確実かつ論証的なものとして、現在においてもしばしば提示されている事実には、ただ驚くばかりである。光の最初にして最も顕著な現象、すなわち光はなぜ直線状にしか伸びないのか、無数の異なった場所から発せられる可視光線は、どのようにして互いに妨げ合うことなく交差するのかといったことに、確かな説明を与えた者はいないのである。

それゆえ私は本書において、第一に直線状に広がる光の諸性質に関し、第二に他の物体に当たって反射する光に関し、今日の哲学で受け入れられている諸原理に基づき、より明快かつ確実な推論を試みる。そのあとで、各種の透明な物体を通過する際に屈折すると言われる、それら光線の諸現象を説明する。また同時に、大気の密度が異なることで生じる空気の屈折効果についても説明する。

それから、アイスランドからもたらされたある種の結晶体において起こる、奇妙な屈折の原因を検証する。そして最後に、光線を一点に集中させ、あるいは様々な方向に逸らせる、多様な形の透明物体および反射物体を取り扱う。そこから我々は、楕円、双曲線、およびデカルト氏がこの目的のために考案したその他曲線だけでなく、ガラスレンズの一つの面が球面ないし平面のとき、あるいは考え得るその他の形状のとき、もう片方の面はどのようになっていなければならないかについても理解するだろう。

光がある種の物質の運動から成り立っていることを疑うのは、まったく不合理である。光の発生を考えたとき、それはこの地上において主として火や炎から生じており、その火や炎には疑いの余地なく、急速に運動する物体が含まれていることを、我々は知っている。なぜなら火や炎は、どんな硬いものであれ、他の物体を分解し融解させるからである。あるいは光の効果を考えたとき、例えば凹面鏡によって集められると、火と同じように、ものを燃やす性質を有することを、我々は知っている。つまり、光は物体を構成する粒子を分解せしめているのである。このことは、少なくとも真の哲学においては、紛れもなく運動の証しである。真の哲学において、自然のあらゆる効果の原因は、力学の理論に基づいて理解されるものだからである。私の意見では、我々はこのように理解しなければならない。さもなくば、物理学における何事についても、それを理解する望みは断ち切られるだろう。

39
人間本性論
デイヴィッド・ヒューム〔一七一一〜七六〕

イギリスの哲学者、歴史学者。エディンバラ大学で法律を学ぶ。フランスへ渡り、『人間本性論』(一七三九〜四〇)を執筆するが、無神論の疑いのために大学教授の職に就くことができず、家庭教師や秘書などを務めながら多数の著作を書き上げた。

第一巻　知性について

第一部　観念およびその起源・構成・関係・抽象などについて

第一節　観念の起源について

人間の心による一切の知覚は、二つの異なる種類に分割される。ここではその一方を「印象」と、他方を「観念」と呼ぶものとする。両者の差異は、それぞれが人間の心を打ち、我々の思考ないし意識に入り込む際の勢いと生気の程度にある。これら知覚のうち、極めて勢いよく激しく心に入り込んでくるものを、印象と名付けよう。そしてこの名前の中に、心のうちに初めて出現した感覚、情熱、感情の全てを包含するものとする。一方、私は観念という言葉を、思考や推論におけるこれら感覚、情熱、感情のおぼろげな映像、と定義する。例えば、本論を読むことで惹起される知覚のうち、視覚や触覚、あるいは直接的な快不快を除く一切の知覚がそれである。この区別を説明するのに多言を費やす必要はあるまい。人間は誰しも、感覚と思考の違いを容易に認識するはずであり、普通の程度であれば、この二つは簡単に区別できる。しかし特殊な場合においては、両者が極めて近づき合うこともあり得なくはない。例えば寝ているとき、高熱に浮かされているとき、狂気に取り憑かれているとき、あるいは精神が極めて凶暴な感情に支配されているとき、観念は印象に近づくかもしれない。その一方、印象が薄くぼやけ、観念と区別できないことも時にある。このように両者の類似する実例がわずかにあるにもかかわらず、一般的に印象と観念は大きく異なるのであって、両者を別個のものとして分類し、その差異を表わす特定の名称を付けるのに躊躇する者はいない。

また、知覚にはもう一つの区分があり、それを検証するのは有益であろう。さらに、この区分は印象と観念の両方に及んでいる。その区分とは単純および複雑である。単純な知覚、単純な印象ないし観念は、区別や分離を一切許さぬものである。複雑なものはそれと反対で、複数の部分に区分できる。例えば一個の林檎には、特定の色、味、匂いが全て結合されている。しかしそれらは同一のものでなく、少なくとも互いに区別できるものである。

これらの区分によって、我々の考察対象を整理し秩序立てることができたので、次はその性質および関係をより厳密に考察しよう。まず最初に注目すべきは、勢いと生気の程度を除いた他のあらゆる点で、我々の印象と観念が非常によく似ている事実である。一方はある意味において他方の鏡写しのようであり、心による知覚はすべて二重で、印象としても観念としても出現する。目を閉じて心の中に自分の居室を思い描くとき、私が形作る観念は、私が感じた印象をそのまま正確に再現している。いかなる点であれ、一方にあって他方に見出せないものはない。他の知覚をざっと思い浮かべても、このような類似ないし再現が見出される。観念と印象はいつも互いに反応し合っているかのようであり、私はこの点に注目すべきと考えるので、今しばらくそちらに目を向けることとする。

さらに厳密に検証を進めると、最初の見かけに注意を引かれ過ぎていたこと、そして「我々の観念および印象はすべて類似している」という上記の一般的断定を制限するためにも、「単純」および「複雑」という知覚の区分を援用しなければならないことに気づく。私の見るところ、複雑な観念の多くには印象というものが過去になく、複雑な印象の多くは決して正確に観念へと模写されないのである。例えば私は、黄金の舗道と紅玉の城壁を有する「新エルサレム」のような街を心の中に想像できるにしても、そうした街を実際に見たことはない。また私はパリを見たことがあるが、街路や家並みをそっくりそのまま、しかも正しい比率で完全に再現し、それでもってパリ市の観念を組み立てられると、果たして断言できるだろうか？

40 新しい学 ジャンバッティスタ・ヴィーコ〔一六六八～一七四四〕

イタリアの哲学者。当時としては革命的とも言える歴史哲学を提唱したが、生前は注目されなかった。十九世紀に入ってからゲーテやマルクスなどによって再評価された。『新しい学』の初版は一七二五年に刊行された。

本書の序文の役割を果たす、巻頭の口絵の説明

〔一〕テーベのケベスが道徳に関する図表を作ったように、我々もここに文明史に関する図表を掲げることとする。これによって読者が、本書を読む前にその理念を知り、また読み終えた後も、それを思い浮かべることによって記憶に蘇らせることができるよう、我々は願うものである。

〔二〕こめかみに翼の生えた女性が天球儀の上に立っている。ここで天球儀は自然界を、女性はその名の示す通り形而上学を象徴している。見開いた目を配した光り輝く三角形は、摂理の視線を投げかける神である。形而上学はこの視線を通じ、これまで哲学者たちがそれを通じて神を熟考してきたところの、自然的事物の秩序を超越し、恍惚のうちに神を熟考している。と言うのも、形而上学は本書において一層の高みに登りつつ、神のうちに人間精神の世界、すなわち形而上学的世界を熟考しているからである。その目的は、人間霊魂の世界、つまり文明世界ないし民族的世界において、神の摂理を明示することにある。文明世界は、口絵の下半分に見える象形文字によって象徴される一切の事物を構成要素として成り立っている。また天球儀、すなわち物理的自然界は、一部だけが祭壇によって支えられている。この理由は、哲学者はこれまで、ただ自然の秩序を通じて神の摂理を熟考したため、その一部しか明らかにできなかったことにある。したがって人間は、自然の自由かつ絶対的な支配者であるところの精神に対するが如く、神を崇拝し、神に対して犠牲を供え、またその他の祭祀を行なったのである。なぜなら神は、その永遠の神慮によって、自然を通じて我々に存在を与え、自然を通じて我々に存在を保有させたから

である。しかし哲学者たちは、人間の最も人間らしい面、すなわち人間が社会的存在であるという人間の本質の基本的特性を通じて、神の摂理を熟考することはなかった。この特性を与えるにあたり、神は以下のように定め給うた。すなわち、人間は原罪によって完全な正義から堕落し、正義とまったく異なることのみならず、正義と正反対のことをしようと常に企みながら、その結果、私利私欲のために野獣の如き孤独な生活を送る羽目になったが、同じ私利私欲に従い、正義とまったく異なる正反対の道を歩むことで、やがて正義に則って暮らし、社会生活を送り、そして人間の社会的本質を理解するようになったのである。これこそが人間の文明社会的な本質であり、また自然に存在する法であることは、本書において明らかにされる。こうした神の摂理の導きこそ、我々の学が主に解明を試みる問題の一つである。この観点から見れば本書は、神の摂理を理性によって論ずる文明神学というべきものである。

〔三〕天球儀を取り巻く黄道帯において、獅子座および乙女座という二つの印が、他の星座よりも荘厳に輝きながら視野に入る。獅子座が象徴しているのは、我々の学がまず最初に、すべての古代異教民族がその始祖としているところのヘラクレスと、彼の偉業とを熟考するという事実である。ヘラクレスの偉業とは、獅子を殺し、火を放ってネメアの森を焼き払い、その獅子の皮をまとって星座に祀られたことである。ここでの獅子とは地上にあった太古の大森林であり、ヘラクレスはこれを焼き払って耕地に変えたのであるが、そのため軍事的英雄に先立つ存在だったに違いない政治的英雄の性格を帯びていたと考えられる。またこの印は、時間

（記録）の始まりをも象徴している。ギリシャ人（古代異教民族に関する我々の知識はすべてギリシャ人に負っている）はオリュンピア競技に基づくオリュンピア暦によって記録を始めたが、その創始者こそヘラクレスだったと伝えられている。オリュンピア競技は、獅子を殺したヘラクレスの勝利を祝うため、ネメア人によって始められたとされる。ゆえに、ギリシャ人の時間（記録）は、彼らの間で耕作が始まった時を起点としているのである。

41 人間機械論 ジュリアン・オフリ・ド・ラ・メトリー（一七〇九〜五一）

フランスの医師、哲学者。当初は神学を学ぶが、のち医学を修めるためにオランダのライデン大学へ移る。その後フランス近衛連隊で軍医として勤務、しかしパリ医科大学を攻撃する文書を出し続けたために追放され、プロイセンに逃れてフリードリヒ二世の侍医となる。一七四七年に上梓した『人間機械論』では霊魂の存在を否定し、機械論的な生命観を提唱した。

いやしくも賢人であるならば、自然と真理を研究するだけでは不十分であって、考えることを望みまたそうできる少数の人々のために、真理を述べる義務がある。その他の人々、あえて自ら偏見の奴隷となっている人々については、蛙が空を飛べないのと同じく、真理に達することは不可能である。

人間の霊魂に関する哲学の体系は、大きく分けて二つ存在する。第一の、より古くから存在する体系は唯物論であり、第二の体系は唯心論である。

たとえ物質でも思考能力を持ち得ると述べた形而上学者たちの推論は、恐らく間違ってはいない。と言うのもこの場合、自らの思考を適確に表現し得なかった中に、有利な点があるからである。事実、物質をそれ自体においてしか考えずに、果たして思考できるか否かを問うことは、物質が時刻を告げられるかどうかと問うことに等しい。ロック氏が不幸にも乗り上げてしまったこの暗礁を、我々が避けようとしていることはお分かりだろう。

ライプニッツ哲学の学徒は例のモナド（単子）とやらを振りかざし、訳の分からない仮説を組み立てた。彼らは霊魂を物質化したというよりもむしろ、物質を精神化したのである。その本質が完全に未知である存在を、我々はどうやって定義し得よう？

デカルト、およびデカルト派の学徒全員（そこには以前から、マルブランシュの支持者も含まれる）も、同じ過ちを犯している。彼らは、人間の中に二つの異なる実体があるということを、あたかもその目で見たかのように当然視しており、それらをしっかり数え上げる始末である。

最も賢い人々は、高らかにこう宣言した。信仰の光によらずして霊魂は自らを知り得ない、と。しかし、彼らは理性的な人間として、「精神」という単語――人間の霊魂について記す際、聖書が用いた単語――によって聖書が何を意味しているのか検証する権利を、自分たちが留保し得ると考えた。また検証を行なう中で、この点について神学者と一致していないとしても、神学者はその他全ての点に関して、自分たちの中でこれ以上の一致を見せているのだろうか？彼らの考察の結果を数語で言い表せば次の如しである。神というものが存在するならば、それは自然の創造主であって、また天啓の創造主でもある。神は一方を説明するために、我々に他方を与え、両者を調和させるために理性を与えた。

生命体の研究から引き出し得る知識を信用しないことは、自然と天啓とを、互いに破壊し合う二つの相反するものとみなすことであり、結果として、神はその様々な創造物において矛盾し、我々を欺いているのだという、突拍子もない教理を大胆にも支持することとなる。ゆえに、もし天啓というものが存在するならば、それは自然と矛盾し得ない。我々は自然によってのみ、福音書の言葉の意味を理解できるのであって、ただ経験だけが福音書を真に解釈するのである。事実、過去の注釈者たちは今に至るまで、真実を曖昧にし続けているだけである。我々は『自然の光景』の著者を通じ、これを判断できる。ロックに関し、彼はこう記す。「我々の魂を、泥の魂と考えるほどに堕落せしめた人間が、大胆にも、信仰の神秘を裁く判事、および至高の審判者として、理性を打ち立てようとしているのは、驚くより他にない。もし理性に従うのであれば、キリスト教に関するどんな驚くべき思想が得られるだろう？」

これらの考察は信仰なるものを解明しないのみならず、聖書を解釈せんとする人々の手法に対して軽薄な反論を構成しているに過ぎないのであって、それに反駁して時間を無駄にするなど、私にとっては恥辱に等しい。

42 カンディード　ヴォルテール〔一六九四〜一七七八〕

フランスの作家。本名フランソワ・マリー・アルー。一八世紀啓蒙思想の代表的存在であり、フリードリヒ大王に招かれベルリンに居住したこともある。彼の思想はフランス革命につながる知的思潮に大きな影響を与えた。『カンディード』は一七五八年刊。

第一章　カンディードは壮麗な城館でいかに成長し、またそこを追われたか

かつてトゥンダー＝テン＝トロンク男爵が所有していたウェストファリア地方の城館に、生まれつき誠に品行方正な若者が住んでいた。その表情は心のうちをありのままに映し出し、さらに、純朴な気質の中にまっとうな判断力を兼ね備えていて、カンディードと呼ばれていたのも、それが理由だったらしい。古くから男爵一家に仕える召使いたちの推測するところ、カンディードは男爵さまの妹君と、近隣に住む立派で公正な紳士との間に生まれたご子息ではないかという。妹君はこの紳士とどうしても結婚しようとなさらなかった。と言うのも、彼が自らの家系における貴族の数を七十一までしか証明できず、その他は冷酷なる時の流れの中に失わ

れてしまったからである。

男爵さまはウェストファリア地方でもっとも威勢をふるっていた領主の一人だが、その城館には門だけでなく窓もいくつかあった。大広間にもつづれ織りの壁飾りがかけられ、庭に暮らす番犬は、いざという時は残らず猟犬の群れとなった。馬丁たちは猟犬係となり、村の補助司祭は男爵さまお付きの司祭でもあった。誰もが男爵さまを閣下と呼び、男爵さまがどんな話をしても笑うのだった。

男爵夫人は体重が三百五十リーブルほどもあって、それゆえ人々から大いに尊敬されており、また来客のもてなしにも威厳があったため、ますます尊敬を勝ち取っていた。令嬢のキュネゴンドは十七歳、血色がよく上品で、豊満な身体には性的魅力があった。男爵さまのご子息は、あらゆる点で父君にふさわしく見えた。師父のパングロスは一家の神官でもあったので、カンディード少年は年齢と性格にふさわしい信頼をもって彼の教えに耳を傾けたのだった。

パングロスは形而上学的＝神学的＝宇宙論的愚者学の権威であり、原因なき結果はあり得ないこと、またあらゆる世界の中で最も優れたこの世界において、男爵さまの城館はあらゆる城館の中で最も壮麗なものであり、令夫人はあらゆる男爵夫人の中で最もご立派な方であることを、見事に証明してみせた。

「これは明白に証明できるが、現にある物事が、それと異なって存在することはあり得ない。なぜなら、あらゆる存在は一つの結末のために作られているのであって、必然的に最良の結果を目的としているからだ。ほら、鼻は眼鏡をかけるために形作られている。それゆえ、我々には眼鏡がある。両脚は明らかに、ストッキングを履くために形作られた。それゆえ、我々にはストッキングがある。石は切り刻まれ、城館を建てるために作られた。それゆえ閣下は素晴らしき城館をお持ちだ。この地方でもっとも偉大な男爵さまが、誰にも増して素晴らしい城館にお住まいになるのは当然ではないか。豚は食べられるために作られた。それゆえ、我々は一年中豚を食べている。従って、全ては善であると主張した者は、愚かなことを言ったということになる。全ては最善を目的としている、と言うべきだったのだ」

カンディードは熱心に耳を傾け、無邪気に信じた。本人を前にそう言う勇気はなかったものの、キュネゴンド嬢を類い稀なる美人と思っていたからである。そして、トゥンダー＝テン＝トロンク男爵として生まれる幸福に次ぎ、第二の幸福としてキュネゴンド嬢として生まれるというものがあり、それに次ぐ第三の幸福として、彼女を毎日目にできるというものがあり、さらに第四の幸福として、地域全体で、つまり世界全体で最も偉大なる哲学者、パングロス先生のお言葉を聞けるというものがあった。

43 人間不平等起源論 ジャン＝ジャック・ルソー〔一七一二〜七八〕

ジュネーブ出身の哲学者。主にフランスで活動。著書に『人間不平等起源論』（一七五五）、『社会契約論』（一七六二）、『エミール』（一七六二）などがある。晩年は亡命生活を強いられ、精神を患う。一七七八年、パリにて没。

第一部

人間の自然な性質を正しく判定するには、その起源まで遡って考察すること、すなわち人類の最初の胎芽から考察することが重要である。しかしここでは、相次ぐ進化を通じて人間の身体機能がどう発達したかを追うことはしない。また人間が最初はどういった姿で、いかにして現在の姿へ至ったかを、動物学の体系において考察することもしない。アリストテレスが考えたように、人間の長い爪がもともとはかぎ爪ではなかったか、人間の身体は熊のように体毛で覆われていなかったのか、四本足で歩いていなかったか、あるいは視線を地面に向けていたので、視界が数歩先に限られていたのではないか、あるいはそういったことが思考の性質と限界を形作っていたのではないか、などの問題もここで問うことはしない。この問題に関し、私はあいまいかつ根拠の全くない推測しかできない。比較解剖学はまだほとんど進化しておらず、動物学者の見解も、確固たる推論の基礎を築くほどには固まっていない。よって、この問題に関して我々が有する超自然的な知識に頼るつもりはなく、あるいは、四肢の新たな使用法を見つけたとか、新しい種類の食料から栄養をとるようになったとか、外面的なものであれ内面的なものであれ、人間の姿形に生じたはずの変化を辿るつもりもない。人間はずっと以前から今日見られる姿だったと、私は述べるものである。つまり人間は最初から二本足で歩き、我々と同じように両手を使い、すべての自然に視線を向け、遥かなる天国の広大さを目測していたのだ、と。

このように形作られている人間から、今までに与えられたであろう超自然的な贈り物、および長い時間の中でしか得られない人工的な能力を取り去ったとすれば、つまり、自然の手の中から姿を現わしたばかりに違いないと考えるとすれば、そこに見えるのは他のどの動物よりも力が弱く、敏捷さにも欠けているものの、全体として見るならば他のどれにも増して有利に構成された動物である。彼は常緑樹の下で食欲を満たし、最初に見つけた清流で喉の渇きを癒し、食料を提供するのと同じ木の下をねぐらとする。かくして彼の欲求は満たされているのだ。

自然の豊かさのままに放置され、斧によって切り倒されたことのない広大な森林に覆われた大地は、すべての動物に食料蔵と身を隠す場所を与えてくれる。これら動物の間に散らばって暮らす人間は、それらの活動を観察して模倣する。つまり、他の動物には固有の本能がある一方、恐らく固有の本能を持たない人間は、どんな本能でも取り込めるという長所を生かし、動物たちの本能を吸収する。そして他の動物が分け合っている様々な食料の大部分を、自らの食料とする。このように自己の食欲を満たすことで、人間の生存は他のどの動物よりも簡単なものとなっている。

人間は乳児のころから過酷な気象と季節の移ろいに晒され、幾度も飢えを経験し、武器を持たない裸のまま、自分自身と食料を他の動物から守ること、あるいはそれら野生動物から走って逃れることを余儀なくされたため、頑健でほぼ損なわれることのない体格を発達させた。父親たちの素晴らしい体格を受け継いでこの世に生まれ、その体格を作り出したのと同じ訓練によってそれを鍛え上げた子供たちは、人間が達成可能な力強さを身につける。自然は彼らを、スパルタの法が市民の子供たちを扱ったのと同じように扱っている。それは頑健かつ力強い人間を生み、そうでない者を死に追いやっている点で、我々の社会と異なっている。我々の国家というものは、子供たちを父親の重荷にすることによって、生まれる前から彼らを無差別に殺しているのだ。

44 自伝　ベンジャミン・フランクリン〔一七〇六～九〇〕

アメリカの政治家、発明家。ペンシルヴェニア州フィラデルフィアに生まれる。植民地の代表として外交任務を帯びてイギリスへ赴く一方、電気の研究に身を投じ、雷と電気が同一であることを証明、避雷針を発明した。また独立宣言の起草にも積極的に関わる。一七七一年より書き始められた『自伝』は未完に終わるものの、アメリカで最も広く読まれた本の一つとなっている。

第一章　先祖のこと、およびボストンにおける少年時代

一七七一年　トワイフォード村セント・アサフ主教の屋敷にて

息子よ。

私は昔から、先祖のちょっとした逸話を集めることに喜びを感じたものだ。お前も憶えているだろう、私がお前とイングランドに出かけたとき、当時まだイングランドに残っていた親族にあれこれ訊いて回ったことを。同じようにお前にとっても、私の生涯のあれこれを知るのは嬉しいに違いない。その多くをお前はまだ知らないのだから。それに、向こう一週間はこの田舎で誰にも邪魔されず暇でいられそうなので、お前のために書いてみようとこうして机に向かったのである。いや、そうする気になったのには他にもいくつか理由がある。私は貧しく名もない家に生まれ育ち、そこから富を築き、ある程度世間に名も知られ、かつかなりの幸運に

恵まれてここまでやってきたが、子孫の者たちは、私が利用し、神のお恵みによって成功を収めた有益なる手段を知りたいのではないかと思う。その中には、自分の立場においても有益であり、真似したらよいと考えられるものもあろうから。

この幸運な生涯を振り返ってみると、時にこう言いたくなる。もしお前の好きなように生きてよいと言われたら、私は同じ人生を一から繰り返すことになんの異存もない。ただし、作家が初版の間違いを第二版で訂正する、あの便宜だけは認めてほしい。そうすれば、過ちを正すだけでなく、過去の忌まわしい事件や出来事を、より好ましいものに書き換えることができるからだ。そうした書き換えがたとえ認められなくても、私はやはり、同じ生涯を送れるならば、その申し出を受け入れようと思う。とは言え、このような繰り返しは決して望み得ないから、その次に自分の人生をもう一度繰り返すことに近いと言えば、その人生を振り返り、その回想を書き記して、できるだけ永遠のものにすることではないかと思う。

それにまた、こうしたものを書くことによって、老人によくありがちな、身の上話や手柄話をしたがる癖も満足させることになるだろう。しかし、読む読まないは本人の自由に任されているのだから、老人の言うことには耳を傾けなければと考える人があっても、迷惑となることはないはずだ。そして最後に（否定したところでだれも信じはしないだろうから、あえて告白するが）、私自身の虚栄心をも大いに満足させることだろう。出だしの文句で「自惚れるつもりは少しもないが」などというのをよく見聞きするが、えてしてそのすぐ後に自惚れたっぷりの言葉が続くものだ。たいていの人間は、自分自身が自惚れ屋であっても、他人の自惚れを嫌うものだが、私はなるべく大目に見るようにしている。自惚れというのは、その本人にも、また周囲の関係者にも、しばしば善をもたらすと信じるからである。したがって、人生の他の様々な楽しみとともに、自惚れを与えてくださったことに対して神に感謝を捧げたとしても、多くの場合、まったく道理に合わないことではないのだ。

45 国富論 アダム・スミス〔一七二三〜九〇〕

イギリスの経済学者、哲学者、倫理学者。グラスゴー大学で学び、のちエディンバラ大学とグラスゴー大学で教鞭をとる。一七七六年に出版された『国富論』は『諸国民の富』の名でも知られ、その中でスミスは、人々が自らの欲求の追求を目指して無意識的に自国を発展させるという、「見えざる手」の概念を提唱した。

第一巻 労働の生産力の改善がもたらされる要因、および労働の生産物が様々な階層の人々に自然に分配される順序について

第一章 分業について

労働の生産力の最も大きな改善と、それがどこかに向けられたり、適用されたりする際の技能、巧妙さ、あるいは判断の大半は、分業の効果だったように思われる。社会の仕事全体における分業の効果は、いくつかの特定の製造業の中でそれがどのように機能しているかを考えれば、より簡単に理解できるだろう。分業はいくつかのごくささやかな製造業で最も進んでいると一般的には考えられているが、それはおそらく、より重要な製造業よりもそうした製造業において実際に分業が進んでいるということではなく、少数の人々による少数の欲求を満たすよう運命づけられたそれらささやかな製造業では、労働者の総数も当然少ないに違いないからであり、様々な作業部門に従事する労働者が同じ工場に集められ、監督者の一望のもとに置かれることもしばしばあるからである。

これとは逆に、多数の人々による多数の欲求を満たすよう運命づけられた大きな製造業においては、様々な作業部門が多数の労働者を雇用しており、そのすべてを同じ工場に集めるのは不可能である。我々は、一つの作業部門で雇用されている労働者よりも多くの労働者を、一度に見ることはできない。ゆえに、こうした製造業においては、よりささやかな製造業においてよりも、作業はかなり多数の部分に分割されるだろうが、分業はさほど目立たないし、したがって観察されることもはるかに少なかった。

そこで、ごくささやかな製造業でありながら、分業がきわめて頻繁に注目されてきた製造業、つまりピン製造業の仕事を例に挙げてみよう。この仕事（分業がそれ自体を独立した仕事にした）に向けての教育を受けておらず、またそこで用いられる機械（その発明もおそらく分業が引き起こした）の使い方を知っているわけでもない労働者は、どれほど必死に働いたところで、一日一本のピンを作るのも難しいだろうし、二十本も作るとなるとなおさらである。しかし、この仕事が現在行なわれているやり方では、仕事全体が一つの独自な職業というだけでなく、多数の部門に分割された仕事の大半も、同じように独自の職業となっている。一人は針金を引き延ばし、別の一人がそれを真っ直ぐにする。三人目がそれを切り、四人目が先端を尖らせる。五人目は頭をつけるために先端を研磨する。ピンの頭を作るためには二、三の別々の作業が必要である。それをピンにつけるのも一つの独立した作業だし、ピンを白く磨くのもまた別の独立した作業である。それを紙に包むのも、また一つの職業である。このようにして、ピンを作るという大切な仕事は、およそ十八の独立した作業に分割され、同じ一人の人間が二つないし三つの作業を受け持つところもあるものの、いくつかの製造業者ではすべて異なる人間によってそれがなされる。

46 ローマ帝国衰亡史　エドワード・ギボン〔一七三七～九四〕

イギリスの歴史家。オックスフォード大学で学ぶ。一七六四年のローマ訪問後、ローマの二世紀から一五世紀を通観する主著『ローマ帝国衰亡史』（全六巻）を七六年から八八年にかけて執筆する。また一七七四年には国会議員となった。

第一章　アントニヌス期におけるローマ帝国の拡張

緒論

西暦二世紀、ローマ帝国は世界最大の版図を誇り、人類社会の最も文明化が進んだ部分を手中に収めていた。この巨大帝国の前線は、古来からの名声と厳格な規律の武勇によって守られていた。法律と風習がもたらす寛大ながらも強大な影響力は、諸地域の結束を徐々に固めていた。そこに住む平和な人々は富と贅沢がもたらす利点を楽しみかつ悪用した。自由な政体というイメージは慎ましやかな崇敬によって守られ、ローマの元老院は絶対権力を有しているように見えながら、政府の権力をすべて皇帝に移譲していた。八十年以上続いた幸福な時代の間、公権力はネルヴァ、トラヤヌス、ハドリアヌス、そして二人のアントニヌスの徳と能力によって執行されたのである。本章および続く二章の目的は、彼らの帝国で見られた繁栄を描き、マルクス・アントニヌスの死後発生したその没落という、極めて重要な状況を推論することにある。それは永遠に記憶されるであろう一つの革命であり、地球上の諸国家がいまも影響を受けているのだ。

ローマ人による主要な領土拡張は共和政体のもとで行なわれた。そして大半の皇帝たちは、元老院の政策、執政官同士の活発な競争、そして市民の熱狂的な好戦性によって獲得された領土を維持することで満足していた。紀元七年は勝利が立て続けにもたらされたものの、アウグストゥスは控え目にも、全地球を征服するという野心に満ちた計画を破棄し、節度の精神を公の会議で呼びかけたのである。アウグストゥスの気質と彼を取り巻く状況によって平和に固執すれば、有頂天の状態にある現在のローマが、軍事的な機会から望めることよりも、恐れるべきことのほうがはるかに多いのは自明の理であり、遠隔の地で戦争を行なっているいま、その遂行が日々難しくなっていること、成り行きがより疑わしくなっていること、そして領土がより不安定になり、有益でなくなっていることを見出すのも簡単だった。アウグストゥスの経験はこれらの有益な内省に重みを加え、執政官の分別ある精力をもってすれば、ローマの安全と威信を恐るべき蛮族から守るのに必要な譲歩も簡単に得られるだろうと、彼に確信させた。自らの姿と軍団をパルティア人の前に晒す代わりに、彼は名誉ある条約を結ぶことで以前の状態を回復しただけでなく、クラッススの敗戦で捕虜になった人々を取り戻したのである。

治世の初期、アウグストゥス配下の将軍たちはエチオピアとアラビア半島南部の征服を試みていた。彼らは回帰線に向かって千マイル以上を行軍したものの、熱帯の気候がすぐにこれら侵略者を追い払い、遠隔の地に住む好戦的でない原住民を守ったのである。ゲルマンの森林や沼地には蛮族の中でも勇猛な部族で溢れかえり、自由なき生活を軽蔑していた。そして最初の攻撃でこそローマ軍の圧力に屈したかのように見えたが、注目に値する絶望的行為によって独立を取り戻し、運勢の移り変わりをアウグストゥスに痛感させた。この皇帝が世を去るとすぐ、遺言書が元老院で読み上げられた。彼は後継者への価値ある遺産として、永続的な堡塁および境界線として自然が定めた領域から帝国を逸脱させることがないようにと、アドバイスを残したのである。すなわち西は大西洋、北はライン川とドナウ川、東はユーフラテス川、そして南はアラビアおよびアフリカの砂漠地帯という具合に。

47 コモンセンス　トマス・ペイン〔一七三七〜一八〇九〕

イギリスの哲学者、作家。船員および教員などを経て、一七七四年フィラデルフィアに渡り、七六年にアメリカの完全独立を論じたパンフレット『コモンセンス』を発表する。その後、帰国するも反逆罪に問われパリへ逃亡、一八〇二年に再びアメリカへ戻った。

政府全般の起源および目的、そしてイギリス憲法に関する簡単な覚え書き

著述家の中には社会と政府を混同し、両者の区別をほとんど、あるいはまったくしない者がいる。だが両者は単に異なっているだけでなく、別々の起源を有している。社会は我々の必要から生み出されたものであり、政府は我々の悪意から生み出されたものである。前者は我々の友愛を結合することで積極的に幸福を招くものであるが、後者は我々の悪を抑制することで消極的に幸福を招いている。

どんな状態であれ社会は常にありがたいものであるが、政府というものは最良の状態であっても必要悪であり、最悪の場合には耐え難いものとなる。政府なき国で予想される不幸を政府によって味わわされ、あるいは悲惨な状態に晒されるとき、我々の苦しい思いは、苦しみの種を蒔いたのは我々自身なのだと反省することで、よりいっそう大きなものとなる。政府は囚人服と同じく、罪を犯したことの象徴である。国王の宮殿は楽園の東屋の廃墟の上に建てられている。なぜなら、良心の衝動が明瞭かつ不変で、その命令が素直に守られているならば、人間は良心の他に立法者を必要としないはずだからだ。しかし現実はそうでなく、人は自らの財産の一部を放棄し、残りを守る手段が必要だと気づく。そして他のあらゆる場合と同様、打算をもってそれを行なう。つまり、二つの悪から一つを選べという忠告に従おうとする。それゆえ、

安全の確保こそが政府の真の意図、そして最終の目標であれば、それをもっとも確実に保証でき、最小の出費で最大の利益をもたらす政府こそが、すべての者にとって好ましいのは明白である。

政府の意図と最終目標を明確かつ正しく知るため、地球上の隔絶された場所に移住し、他の人間から孤立して生きる少数の人々を考えてみよう。つまり彼らは、いずれかの国あるいはこの世界における最初の移民を象徴している。こうした自然かつ自由な状態において、彼らはまず社会を作ろうと考えるだろうし、いくつもの動機がその実現へと駆り立てる。一人の力では欲求を満たすことができず、また精神的にもいつまでも孤独には耐えられないので、すぐさま他者の援助と慰めを求めざるを得なくなり、その他者も同じことを必要とする。四ないし五人が協力すれば荒野のど真ん中でそこそこの住まいを建てることもできるだろうが、一人であれば、その寿命を使い果たしたところで、何一つ成し遂げることはできない。木を切り倒しても運べないし、運べたとしても立てることはできない。そのうち飢えのために仕事ができなくなり、また様々な欲求を満たすために違ったことをしなければならなくなる。病、いや、単なる不幸な出来事も死を意味する。いずれも直接命にかかわることはないが、そのために生活できなくなり、死んだというより朽ち果てたという状態に追い込まれてしまうからだ。

48　アメリカ独立宣言〔一七七六〕

一七七六年七月四日、大陸会議によって採択された宣言文書。このため、七月四日はアメリカの独立記念日として祝われる。トーマス・ジェファーソンが起草し、ベンジャミン・フランクリンとジョン・アダムスがわずかな修正を加えた。

人類が辿った発展過程において、一国の国民が、自分たちと他国民を結びつけてきた政治的紐帯を断ち、自然の法および自然の神の法とが彼らに賦与した独立平等の地位を、世界の諸列強の中において占めることが必要であるとき、人類一般の意見に対して相当の敬意を払うならば、その国民が分離を迫られた理由を宣言することが当然である。

我々はこれらの真理、すなわち、すべての人間は平等に作られ、創造主からある種の奪うことのできない権利を付与され、その中に生命、自由、そして幸福の追求があることを信じる。またこれらの権利を確保するため、人類の間に政府が設けられ、その正当なる権力は被統治者の同意に由来していることを信じる。さらに、形態がどうあれ、政府がこれらの目的にとって有害となった場合、国民がそれを改廃し、自らの安全と幸福をもたらすのに最も適当と認められる主義を土台とするとともに、権力形態がそうした形に組織された新たな政府を打ち立てることは、国民の権利であると信じる。長く定着した政府を、軽微かつ一時的な理由で変えるべきでないことは、分別の命ずるところである。ゆえに人類は、慣れ親しんだ形態を廃止することで立ち直るよりも、厄災に耐え得る限り、むしろそれを耐えようとする傾向の強いことは、あらゆる経験の示すところである。しかし、連綿たる暴虐と簒奪が、一貫した目的のもとに、国民を絶対的圧政の下に置かんとする意図を明らかにするとき、このような政府を転覆せしめ、自らの将来の安全のために新たな保護者を置くことは、国民の権利にして責務である。これら植民地が耐え忍んだ苦難はかくの如しであり、いまや彼らをして以前の統治形態を変革せしむる必要性もそこから来ている。大英国の現国王の歴史は、これら諸州に絶対的な圧政を敷かんとすることを直接的な目的とした、不正と簒奪が繰り返された歴史なのである。これを証明するため、公正なる世界に次の事実を提示せんものとする。

●国王は、大衆の福祉に極めて有益かつ必要な法律の裁可を拒否した。

●国王は、自らの同意を得るまでその発効を延期するのでなければ、緊急かつ差し迫った重要な法律であっても通過させてはならないと、植民地総督に命じた。また発効が延期された後も、その立法を完全に忘却した。

●国王は、議会における代表権、すなわち国民にとって計り知れないほどの価値があり、ただ暴君にとってのみ恐るべき権利を国民が放棄しない限り、大地方の施設を規定する法律を裁可しないと宣言した。

●国王は、議員を疲労せしめた後自らの方策に従わせせんとする目的で、植民地議会を異常、不便、かつ公的記録の保管場所から離れた場所に召集せしめた。

●国王は、国民の権利を侵害したことに対し、勇気をもって敢然と反対したことを理由に、各地の議院を繰り返し解散した。

●国王は、こうした解散の後、新たな議員を選ぶ選挙を、長きにわたって拒絶した。ゆえに、根絶し得ない立法権は一般国民の手に戻った。その間、諸州は、外部からの侵略および内部における動乱という危険に晒され続けたのである。

●国王は、諸州の人口が増加するのを妨げんとした。そのために、外国人帰化法を妨害し、移民を促進するその他法律の裁可を拒み、土地を新たに取得する条件を厳しくした。

●国王は、司法権を確立する法律の裁可を拒むことにより、司法の運営を妨害した。

●国王は、裁判官を、その任期および俸給について、国王の一存のみに左右される立場においた。

49 純粋理性批判 イマヌエル・カント〔一七二四～一八〇四〕

ドイツの哲学者。ケーニヒスベルク大学で学び、長い間、家庭教師をつとめるが、一七七〇年より同大学で教鞭をとる。『純粋理性批判』(一七八一)、『実践理性批判』(一七八八)、『判断力批判』(一七九〇)の三批判書を著し、フィヒテ、シェリング、ヘーゲルへと続くドイツ観念論哲学の祖とされる。

序論

一、純粋認識と経験的認識との相違について

我々の認識がすべて経験とともに始まることについて、疑いは一切存在しない。我々の認識能力が、対象によって呼び起こされて初めて機能するのでなければ、一体何によって働きだすのだろうか。対象は我々の感覚に作用し、あるいはみずから表象を生み出し、あるいは我々の知性を働かせてそれら表象を比較し、結合し、あるいは分離して、感覚的印象という原材料を対象の認識へと作り変える。そしてこの認識こそが経験と呼ばれる。ゆえに、時間の面から見れば、我々の認識はどれも経験に先立つものでなく、経験から始まるのである。

しかし、我々の認識がすべて経験から始まるとしても、一切の認識が経験から生じるということにはならない。と言うのも、我々の経験的認識は、我々が印象から受け取ったものと、

我々の認識能力がそれ自身のうちから与えたもの（感覚的印象はそのきっかけを提供するに過ぎない）との合成物だからであって、長年の修練を経てそれに気づき、またその合成物を分離することに熟達しない限り、感覚によって与えられる元来の要素つまり感覚的印象と区別できないのである。それゆえ、経験からまったく独立した認識、一切の感覚的印象からすら独立した認識が果たして存在するか否かという問題は、詳細な研究が必要となり、簡単に答えられる性質のものではない。この種の認識はアプリオリな認識と呼ばれ、経験的認識とは区別される。経験的認識の源泉はアポステオリであって、すなわち経験のうちにあるのである。

しかし、アプリオリという語は、今述べた問題の全体的意味を示すほどには明確でない。なぜなら、経験という源泉から得られた認識について述べるにあたり、次のようなことがよく言われるからである。我々はこの認識を経験から直接得るのではなく、一般的な規則――とは言え、それ自体やはり経験から得たものであるが――から得るのであるから、とにもかくにもアプリオリに認識し得る、と。つまり、自宅の土台を掘った人があると、我々はそれを見て、「彼は家が倒れるだろうということをアプリオリに知っていたはずだ」、すなわち、家が実際に倒れる経験を待つ必要などなかったのに、などと言うのである。だがそれでも、彼がこのことをアプリオリに十分知り得たはずはない。家を構成する物体は重いのだから、支えが取り除かれれば家が倒れるということは、経験という手段によってあらかじめ知っていたはずなのである。

そこで、我々がこの先「アプリオリな認識」と述べるときには、個々の経験とは無関係な認識ではなく、一切の経験と完全に無関係な認識を意味するものとする。これと対立するのが経験的認識である。経験的認識はアポステオリにのみ可能な認識、つまり経験によってのみ可能な認識である。そしてアプリオリな認識は純粋なものとそうでないものに分かれ、経験的要素を一切含まないものが純粋認識である。例えば、「あらゆる変化には原因がある」という命題は、アプリオリな命題ではあるが、純粋ではない。なぜなら変化というものは、経験からのみ引き出され得る概念だからである。

50 化学原論 アントワーヌ・ラヴォアジエ〔一七四三～九四〕

フランスの化学者。著名な功績として、空気が酸素と窒素の混合物であると証明したことが挙げられる。また今日の化学化合物の命名法も考案、さらにメートル法を考案した委員会の委員でもあった。『化学原論』は一七八九年刊。

第一部 空気のような流体の生成と分解、および単体の燃焼と酸の生成について

第一章 熱素の結合と空気のような弾性流体の生成について

固体にせよ液体にせよ、すべてのものはその熱を増すと四方に大きくなるということは、はるか以前、かの有名なブールハーヘによって物理学の原理ないし一般的定理として確立されている。これまで、この原理の一般性を否定すべく挙げられた諸事実は、虚偽の結果をもたらすか、あるいは少なくとも、判断を誤らせるほど無関係な事実が数多く入り混じっていたかのどちらかであった。しかし、それらの作用を分けて考え、その原因からそれぞれの作用を導き出せば、熱によって分子が離れ離れになることは定常的かつ普遍的な自然の法則であると容易に認識できる。

ある一定の温度に固体を熱し、その分子が互いに離れるようにしてから熱を冷ますと、分子は温度の上昇によって離れたときと同じ割合でふたたびくっつき合う。そして、物体を、実験を始めたときと同じ温度に戻すと、体積もまた最初と同じくなる。しかし、絶対低温、つまりすべての熱が奪われ、これ以上は考えられないとされる冷却の度合いに達するには、まだ遠く隔たっているため、物体の各分子を可能とされる限界まで近づけてはいないことになる。結果として、すべての分子は、既知のいかなる状況であっても、互いに触れ合っていないことになり、またその事実は、何人たりとも否定し得ない極めて簡単な結論である。

物体の分子は熱によって絶えず離れ離れになることを強いられるので、それらの間にはなんのつながりもないものと考えられる。また結果として、それらを結合させようとする何か他の力、つまり鎖のようなものがあって、それによって繋がれていないかぎり、自然界に固体なるものは存在し得ないことになる。そのような力は、原因がなんであれ、またどのように作用するかはさておき、吸引力と呼ばれている。

したがって、あらゆる固体の分子は、まったく正反対な二つの力の作用を受けているものと考えられる。一つは反発する力、もう一つは吸引する力であり、それらは互いに均衡している。後者の吸引力が勝る限り、その物体は固体のままであり続ける。だが逆に、熱がそれら分子を互いに引き離し、吸引力が働く範囲の外に置いてしまえば、それらは吸着を失い、もはや固体ではなくなってしまう。

これら事実の実例は、常に水によって示される。フランス温度計で零度未満、すなわち華氏三二度未満では、水は固体の状態にあって、氷と呼ばれる。温度がそれ以上になると、水の分子は逆の吸引力によって結合状態であることをやめ、液体となる。そして温度が八〇度以上（二一二度以上）になると、各分子は熱による反発力のために、蒸気、すなわちガスの状態となり、水は空気のような流体に変わる。

同じことは、自然界に存在するすべての物体についても確かめられる。それらは、各々に内在する吸引力と、熱による反発力との割合に応じて、言い換えると、それらが受ける熱の量に応じて、固体、液体、あるいは弾性を有する空気のような状態のいずれかとなる。

こうした現象を理解するには、それらを実在する有形の物質による作用、つまり、物体の分子の間に浸透しつつ、それら分子を互いに引き離す、極めて希薄な液体による作用と認めなければ難しい。また、こうした液体の存在を一つの仮定として支持するならば、自然界におけるその現象を非常によく説明できることになる。

51 道徳および立法の諸原理序説

ジェレミ・ベンサム〔一七四八～一八三二〕

イギリスの哲学者。オックスフォード大学で学び、功利主義の提唱者として知られる。主著『道徳および立法の諸原理序説』は一七八九年に刊行され、その中で「最大多数の最大幸福」および「快楽主義的算定」の概念が説かれた。

第一章　功利性の原理について

自然は人類を二人の君主、すなわち苦痛と快楽の統治下に置いてきた。我々が何をなすべきかを指し示し、我々が何をするかを決定するのも、ひとえにこれら君主のみである。一方にあっては正邪の標準、他方にあっては原因と結果の連鎖、これらはいずれも君主の主座に結びつけられている。これら君主は、我々のすることすべて、我々の語ることすべて、我々の考えることすべてを支配しており、彼らへの隷属を断つために我々がなし得るあらゆる努力も、その隷属を立証し確認するのに役立つだけである。言葉の上では、人間は彼ら君主の王国を廃せるかのように見せかけられるかもしれない。しかし実際には、人間はその間もずっとその支配下に置かれ続ける。功利性の原理はこうした隷属関係を認識し、その体系、すなわち理性と法の手によって幸福の骨組みを建立することを目的とした体系の基礎として、それを認めるものである。それに対して疑問を挟もうとする諸々の体系は、聴覚の代わりに音を、理性の代わりに気まぐれを、光の代わりに闇を扱っているに過ぎないのである。

比喩や美辞麗句はここまでにしよう。道徳科学が進歩するのは、こうした方法によってではないのだから。

功利性の原理は本著の基礎であり、ゆえにまず、それが意味するものを明瞭かつ決定的に説明すべきだろう。功利性の原理が意味するのは、あらゆる行為について、それに関わる当事者の幸福を増大させるか減少させるか、言い換えると、その幸福を促進するかあるいは阻むか、そのどちらに思われるかに従って、その行為を肯定し、あるいは否定する原理のことである。私はここで「あらゆる行為」と記したが、つまりそれは個々人の行為だけでなく、政府によるすべての政策をも含んでいるのだ。

功利性が意味するのは、その利害が考慮されるところの当事者に対して、恩恵、利益、快楽、善、ないし幸福（今の場合、これら全ては結局同じものになる）をもたらす傾向、もしくは厄災、苦痛、悪、ないし不幸（これもまた全て同じもの）の発生を防ぐ傾向がある何らかの事物における、そうした特質である。その当事者が共同体全般であるなら、それは共同体の幸福ということになり、当事者が特定の個人であるなら、それは個人の幸福ということになる。

共同体の利益という言葉は、道徳に関する用語法の中で見受けられる、最も一般的な表現の一つである。その意味がしばしば見失われるのも、なんら不思議なことではない。共同体の利益という言葉に意味があるのなら、それはこういうことになる。つまり、ここで言う共同体は一つの仮想的存在であり、それを構成する諸個人は、あたかもその成員であるかのようにそれを構成していると考えられる。であるならば、その共同体の利益は、それを構成する個々の成員の利益の総和ということになる。

従って、個人の利益が何であるかを理解することなく、共同体の利益を論じるのは無益なことである。ある事物について、それが個人の快楽の総和を増やすとき、あるいは結局同じことだが、個人の苦痛の総和を減らすとき、それはその個人の利益を促進している、あるいはその利益を益していると言えよう。

それゆえ、ある行動について、共同体の幸福を増大させる傾向が、それを減少させる傾向よりも強いとき、その行動は功利性の原理、簡単に言えば功利性に適っていると言えるだろう。

政府による政策（それは特定の個人あるいは人々によって行なわれる、特定の行動に他ならない）についても同じように、共同体の幸福を増大させる傾向が、それを減少させる傾向よりも強いのであれば、その政策は功利性の原理に適っている、あるいはそれによって動かされていると言えるだろう。

Ⅳ

1789　フランス革命
1804　ナポレオンが皇帝に即位
1814　ウィーン会議が始まる（～1815）
1840　清とイギリスの間でアヘン戦争が始まる（～1842）
1857　インド大反乱（セポイの反乱）が発生（～1859）
1853　ペリー艦隊が浦賀に来航
1861　南北戦争が勃発（～1865）
1863　アメリカ合衆国で奴隷解放が宣言される

52 フランス人権宣言（人間および市民の権利の宣言）〔一七八九〕

一七八九年八月二六日、憲法制定国民議会によって採択された。ロック、ルソー、モンテスキューらの啓蒙思想に由来し、国民主権と機会均等を前面に押し出すもので、従来の王権神授説と対照をなしている。

国民議会として組織されたフランス国民の代表者たちは、人権の無知、忘却、ないし蔑視こそが、大衆の不幸と政府の腐敗の諸原因に他ならないことを考慮し、厳粛なる宣言において、奪われることのない神聖なる人間の自然権を明らかにすることを決意した。その目的は、社会構成体の全成員に絶えずこの宣言が示され、彼らの権利と義務を不断に想起させること、立法権および行政権の諸行為を、すべての政治制度の目的と随時比較可能にすることで、より一層その目的を尊重させること、市民の不満を、今後は単純かつ明白な原理に基づくものにせしめることで、憲法の維持とすべての人間の幸福に向かわせることである。

その結果として国民議会は、至高の存在が臨席する場所において、かつその庇護を受けて、以下に示す人間および市民の権利を承認し、宣言するものである。

第一条　人間は、自由なもの、かつ権利において平等なものとして生まれ、生存する。

第二条　あらゆる政治的結合の目的は、人間の絶対的な自然権を保護することにある。これらの権利は、自由、所有権、安全、および圧政への抵抗である。

第三条　あらゆる主権の原理は、本質的に国民に存する。いかなる団体、いかなる個人であっても、国民から明確に発せられたものでない権威を行使することはできない。

第四条　自由は、他人に害をなさない一切の行為をなし得ることから成立している。従って、各人の自然権の行使は、社会の他の構成員に同じ権利の享受を保証すること以外、なんら制限を持たない。これらの制限は、法によってのみ定められる。

第五条　法は、社会に有害な行為でない限り、これを禁じる権利を有さない。法によって禁じられていないすべてのことは、妨げることができず、法が命じていないことは、何人たりともこれを行なうことを強制されない。

第六条　法は総意を表現したものである。すべての市民は直接、あるいはその代表者を通じ、法の作成に寄与する権利を有する。法は、保護を与えるものであっても、あるいは罰を与えるものであっても、すべての人間に同一でなければならない。すべての市民は、法の前には平等であるので、その能力に従い、かつ徳性および才能の差を除いて平等に、公の位階、地位、職務に就くことができる。

第七条　何人たりとも、法によって定められた、かつそれが命ずる形式によるものでなければ、告発され、逮捕され、あるいは拘禁され得ない。法によらない命令を請願し、発令し、執行し、または執行せしめた者は、罰せられなければならない。ただし、法の規定に従って召喚または拘束された者は、直ちに従わなければならない。それに抵抗した者は罰せられる。

第八条　法は、絶対的かつ明確に必要なる刑罰のみを定めるべきであって、何人たりとも、犯行以前に制定公布され、かつ合法的に適用された法によらなければ、処罰され得ない。

第九条　すべての人間は、有罪を宣告されるまで無罪と推定されるものであるから、その人物を逮捕することが不可欠と判断されても、身柄を確保するのに不必要なすべての強制処置は、法によって厳格に規制されなければならない。

第十条　何人たりとも、自らの意見に関し、それを表明することにより法で定められた大衆の秩序を乱さないかぎり、たとえ宗教上のものであっても、それを侵害され得ない。

53 人間精神進歩の歴史 ニコラ・ド・コンドルセ（一七四三〜九四）

フランスの数学者、哲学者。パリの大学で数学を学んだ後、一七六九年にフランス王立科学アカデミーの会員に推挙される。数学研究の傍ら、七四年から七六年まで財務総監ジャック・テュルゴーの下で政治改革に関わった。フランス革命後、ジロンド派の没落を受けて逮捕令状が発せられ、獄中で自ら命を絶つ。『人間精神進歩の歴史』（一七九五）は令状が発せられた後、隠遁生活を送る中で書かれたものである。

序論

人間は生まれつき、様々な感覚を受け入れる能力を有している。自らが受け入れた様々な感覚の中で、人間はそれらを構成する単一の感覚を知覚したり、区別したり、保持したり、認識したり、結合したり、記憶の中にとどめたり、後で思い出したり、その異なる組み合わせを比較したり、共通しているものや相異なるものを確かめたり、またこれらすべての対象をよりよく知り、新たな結合をより簡単に形作ることができるよう、それら対象に記号を割り当てたりすることができる。

人間のこの能力は、外部にある対象の働き、すなわち複合してできたある種の感覚の存在によって発達するものであり、その恒常性は、それらが同一な統一体であるという点であれ、あるいはそれらが変化する諸法則においてであれ、持ち主の人間からは独立している。この能力はまた、似た性質の諸個人との交わりによって、あるいは、この能力が最初に発達したことで、人間が発明するに至ったあらゆる人工的方法によって、さらに発達する。

感覚には喜びや苦痛が伴うが、人間はそうした一時的な印象を、同じ性質を持つ永続的な感情に変えるというさらなる能力を持ち、さらには、感情を備えた他の人間の喜びや苦痛を見たり思い出したりすることで、これらの感情を追体験できる能力を有している。そしてこの能力は、様々な観念を形成・結合する能力と組み合わさって、自分と仲間との間に利害や義務の関係——すなわち、我々の幸福のうち最も貴重な部分と、我々の不幸のうち最も痛切な部分とが、自然によって添加された関係——を生み出すのである。

我々の研究を、つまりこれら能力の発達が我々に示している一般的事実や不変の法則を、相異なる諸個人に共通なものの中でしか考察しないのであれば、そうした考察は形而上学という名を冠せられることになるだろう。

しかし、一定の地域に同時に共存する諸個人と関連させて、この発達を結果の面から考察し、世代から世代へと追跡すれば、人間知性の進歩に関する図表が出来上がる。この進歩は、我々諸個人の能力の発達に見られるのと同じ一般的法則に従っている。それはすなわち、社会的に結合した多数の諸個人に見られる、能力の発達の結果なのである。とは言え、各瞬間に示された結果は、以前の瞬間の結果に依存し、次の瞬間に影響をおよぼしている。

それゆえ、人間知性の進歩に関する図表は、歴史的なものである。なぜなら、それは不断の変化に晒されるものであって、人間社会が通過してきた様々な時代を連続的に観察することによって形作られるからである。この図表は、そうした変化が起きた順序を示し、過去の各時代が次の時代に与えた影響を説明し、無限に続く時代を通じ人類が不断に自己を革新する中で経験した様々な修正によって、人類が辿った行路や、真理と幸福に向かって進んだ一歩一歩を示すことになるだろう。人間の過去、現在に対するこれらの考察は、人間の本性から期待できる一層の進歩を確実なものにし、かつ加速させる方法を我々にもたらすはずである。

54 フランス革命についての省察

エドマンド・バーク〔一七二九〜九七〕

イギリスの政治家、政治哲学者。ダブリン大学で法律を学ぶも、やがて文学に傾倒する。その後は政治家に転じ、アイルランド担当相を務めた。著書『フランス革命についての省察』は一七九〇年に刊行され、ヨーロッパ中で広く読まれた。

第一部

拝啓

フランスで最近発生した一連の出来事について、私の所感を重ねて熱心にお求めくださったこと、誠に喜ばしく存じます。私の卑見が他人から熱心に求められるほど価値があるなどと、申し上げるつもりは露ほどもございません。それはまったく取るに足らぬものであり、お伝えするか、あるいは手元に留めるか、心悩ますほどのものではないのです。あなたが最初に私の卑見をお望みになったとき、私が躊躇《ためら》ったのは、あなたのこと、あなたお一人のことを考えたためでした。光栄にもあなたに宛てて書き認め、ようやくお送りした最初の手紙の中でも、私は特定の人間のため、あるいは特定の人間を代表して書いたのではないし、この手紙でもそうするつもりはありません。誤りがあればそれは私自身のものであって、私の評判のみがその誤りへの答えとなるのです。

あなたにお送りした長文の手紙からお分かりいただけると思いますが、私は、フランスが理性的自由の精神によって動かされることを心の底から願っており、またあなたがたがあらゆる真摯な政策を通じ、そうした精神が宿るべき恒久的な組織と、その手段となるべき実効性のある機関とを作り出さねばならないと考えておりますが、残念ながら、あなたがたが最近なされた行動のうちいくつかの重大な点で、強い疑念を抱かざるを得ないのです。

最後にお手紙をくださったとき、フランスで起きたある種の事態を肯定する者たちが、「憲法協会」および「革命協会」というロンドンに存在する紳士たちのクラブから受け取った厳粛なる公正証書から推測して、私もその一員ではないかと、あなたはお考えでした。

確かに私は、我が王国の憲法と名誉革命の原理が高く尊敬されているクラブに複数所属する栄誉に浴しています。また私は、この憲法と原理を最高に純粋かつ力強い状態で維持する熱意において、誰にも引けを取らないと自負しております。それがために、私自身が間違いを犯してはならないと考えるのです。我が国の革命の記憶を懐かしむ人々や、我が王国の憲法に愛着を抱く人々は、革命および憲法への熱意を口実としつつも、真の諸原理から頻々と道を外す者ども、かつて革命を生み出し、今は憲法に内在している確固たる――しかし細心かつ慎重な――精神から事あるごとに離れようとする者どもとどのように関わり合うかについて、非常に慎重なのです。あなたのお手紙に書かれていたより重要な点にお答えするのに先立ち、フランスの問題に団体として介入することを是としているあの二つのクラブについて、私が入手できた情報をお伝えするのをお許しください。ただその前に、私はこれら二つのクラブに属しておらず、また一度もそうでなかったことをここに申し上げます。

第一のクラブは憲法協会ないし憲法知識協会などという呼び名を自称していて、七、八年続いているものと思われます。この協会の設立は善意によるものらしく、その限りでは賞賛されるべき性質のものです。つまりその目的は、クラブ以外の人間がほとんど買い求めないような多数の書籍、書肆の手の中に眠って有為の人々に多大な損害をもたらしている書籍を、会員の出費で回覧することだったのです。このように善意で回覧された書籍が、同じく善意で読まれたかは、私のあずかり知るところではありません。おそらくそれらのうち何冊かがフランスに運ばれ、我が国の誰も求めていない品物同様、あなたがたの国で市場を見つけたのでしょう。

この国から運ばれる書籍によってもたらされるという啓蒙の光について、私も随分聞いていますが、その行程でどんな改良が加えられたのか（酒類の中には海を渡ることで風味がよくなるものもあるそうです）、私は存じません。しかし、人並みの判断力を有する人、最低限の知識を持つ人が、その協会によって回覧された出版物の大部分について、一言でも褒めたという話など、私は聞いたことがありません。また、彼ら自身がそう言っている場合を除いて、彼らの行動が何らかの重大な結果をもたらしたという話も、寡聞にして耳にしたことがありません。

55 ドイツ国民に告ぐ

ヨハン・ゴットリープ・フィヒテ（一七六二〜一八一四）

ドイツの哲学者。カントに影響を受け、処女作『あらゆる啓示批判の試み』（一七九二）を刊行する。その後イェナ大学を、無神論者の烙印を押されて去る。『ドイツ国民に告ぐ』（一八〇七〜八）はナポレオン一世支配下のベルリンで行なわれた講演。

第一講　緒論および一般的概論

これから始める講演は、かねて公表した通り、私が三年前の冬にこの場所で行ない、『現代の諸性質』という表題で刊行された講義の続きとして行なわれるものであります。前回の講義において、私は以下のことを示しました。すなわち、我々の時代は人類史の第三期にあたり、この時代は、単なる物質的利己心があらゆる生命的活動および衝動の原動力となっていること、そして現代が自らを把握し理解するならば、こうした原動力の唯一の可能性として、それを認識するより他にないということ、そして最後に、現代は自己の性質をこのようにはっきり知覚することで、本来の実在状態の中に深く根を下ろし、確固たるものとなる、ということです。

世界史が始まって以来、我々の時代は他のどの時代にもまして大きく変化しています。私が現代をこのように解釈してからの三年間、この時代はある時点で終焉を迎えました。そこでは、利己心が完全に発展を遂げることで、自己および自立性を失ったために、自分自身を破壊してしまったのです。そして利己心は、自身以外の目的を自発的に持つことがありませんから、外部の力によってなんら関係ない別の目的を強制されることとなりました。ひとたび自分自身の時代を解釈しようと企てた者は、その時代が進化を遂げた場合、それに合わせて解釈を行なわなければなりません。ゆえに、私が現代の本質を示したときと同じ聴衆の前で、もはや現在でなくなったものを過去として認めることこそ、私の責務なのです。

自主性を失ったものは、時の流れに影響を与える力、その流れを自分の意志で決定する力をも同時に失います。そうした状態にとどまったままでいると、そのものは時代もろとも、自己の運命を支配する外部の力によって、その発展を規制されることとなります。そのものは自分自身の時代をもはや持てず、他の国民や国家の出来事ないし時代によって自己の歳を数えることなるのです。過去の全世界が自主的な影響力を取り除かれ、もはや従属の名誉しか残されていないということの状況から立ち上がれるとするならば、それは一つの新しい世界が現われ、その創造とともに自分自身の新たな時代が始まり、その発展とともにそれが充実する、という条件においてでしかないでしょう。しかし、一度は外部の力に服従している以上、その新たな世界は次のように形成されなければならない。つまり、こうした外力に捉えられることも、またなんら嫉妬を引き起こすこともなく、いやそれ以上に、そうした世界の形成を妨げないことがその外力の利益となる、というように。以前の自己、以前の時代、そして以前の世界を失ってしまった民族にとって、新たな自己と新たな時代を生み出す手段としてこのような世界が形作られるなら、時代の完全な解釈というものは、こうして創造される世界について説明を与えるものでなくてはならないでしょう。

さて、私としては、こうした世界が存在するという立場であり、またその存在と真の所有者を皆さんに示し、その生きた姿を眼前に彷彿とさせ、それを生み出す手段を指し示すことこそ、この講演の目的であります。ゆえに、その意味において、本講演は当時の時代についてかつて行なわれた講演の続きとなるでしょう。なぜなら、利己心の王国が外部の力によって破壊された結果、新たな時代が直接的に始まる、あるいは始まらねばならないことが、この講演によって示されるからです。

56 人口論 ロバート・マルサス〔一七六六～一八三四〕

イギリスの経済学者。ケンブリッジ大学で学び、のち東インド・カレッジの教授となる。マルサスは、一七九八年に初版が刊行された主著『人口論』の中で、幾何級数的な人口増加と算術級数的な食糧増産との差による人口過剰の結果、貧困が発生すると主張した。

第一章

問題提起——対立する論者間の敵意により見通しの立たない結論——人類と社会の進歩性に反対する主な議論は十分に答えられていない——人口問題から発生する困難の本質——本論における主張の概要

自然科学における近年の予期せざる大発見、印刷技術の発達による一般的知識の急速な普及、学問の世界の内外で広がりを見せている、熱烈かつ自由な探求心、知識人を驚倒させた政治面における新たな光明、そしてとりわけ、炎をあげる彗星のように新たな生命と活力を吹き込むか、あるいは萎縮した人類を焼き尽くし絶滅させる、フランス革命という政治的一大現象、これらはいずれも、人類の将来をある程度決定づけるであろう大変革の時代にいるとの思いを、多くの有能な人々に植えつけている。

一つの大いなる問題が論争の的になっていると言われて久しい。すなわち、人類は猛烈な勢いで、現時点では想像もつかない無限の進化を始めるのか、あるいは幸福と困窮の間で永遠に揺れ動くことを運命づけられ、いかなる努力をもってしても、念願とする目標には程遠い状態にとどまってしまうのか、という問題である。

しかし、人類の一人一人が、苦痛に満ちたこのどっちつかずの状態に終止符を打ちたいと心から願っているにもかかわらず、また探究心に溢れた人間が、未来への洞察を助けるであろうあらゆる光を熱心に望んでいるにもかかわらず、この容易ならざる問題におけるいずれの側の論者も、互いに無関心を貫いているのは全く嘆かわしいことである。また、彼らの主張はいずれも公平な検証を経ていないばかりか、論点が絞り込まれることもなく、理論上でさえも一つの結論にすら至っていないのだ。

現状の支持者たちは、思索的な哲学者の学派を次のいずれかのように見なしている。すなわち、博愛を説き、より幸福に満ちた社会という魅惑的な未来図を描きながら、実際には現在の制度を破壊し、巧妙に仕組んだ自身の野望を現実のものにしようとする、狡猾で腹黒い大悪党。あるいは、理性ある人間の注目に値しない、馬鹿げた空想と突飛な逆説とを兼ね備えた、粗野で気の狂った熱狂家、である。

一方、人類と社会の進歩性を信ずる者たちは、それに勝るとも劣らない侮蔑を現状維持の擁護者に対して抱いている。惨めで狭量な偏見の奴隷という烙印を押すか、あるいは私欲のために市民社会の悪弊を保護していると、彼らを攻撃するのだ。すなわち、利益のために自らの叡智を供する人物、偉大かつ高貴な物事を見通す精神力を持たず、つまり五十ヤード以上先の物事が見えず、それゆえ英知に溢れる恩人の見解を理解できない人物としているのである。

論争がかくも敵意に満ちてしまえば、真実の探求は害を被るばかりである。いずれかの側から傾聴に値する論が出たとしても、それに見合った扱いを受けることは決してない。両者とも自論に固執するだけで、他方の論によってそれを修正ないし改善する雅量など持ち合わせていないと言えよう。

現状維持の支持者たちは、政治面における思索をひとまとめに攻撃しており、社会の進歩性を推論する基礎など検証しようともしていない。ましてや、その誤謬を明らかにするにあたり、公平かつ誠実な態度で、その誤りを説明しようと骨を折ることすらしていない。

57 化学の新体系　ジョン・ドルトン〔一七六六〜一八四四〕

イギリスの化学者、物理学者、気象学者。原子説を提唱したことで知られる。また自らの先天性色覚障害から、色覚についての研究も行なっている。『化学の新体系』は一八〇八年の刊行。

第一章　熱あるいは熱素について

熱素の本質に関する最も確実な見解は、それが非常に捉えがたい性質を有する弾性流体であり、その粒子は互いに反発し合っているが、他のすべての物体には引きつけられるというものである。

我々の周囲にある物体がすべて同一の温度ならば、それら物体の熱は静止状態にあり、この場合、ある二つの物体について、その重量を等しくとったとしても、あるいは体積を等しくとったとしても、それらの熱の絶対値は等しくない。それぞれの物体は、熱に対する独自の親和性を有しており、それによって、物体はある温度で他の物体と均衡を保つために、一定量の流体を必要とする。等しい重量もしくは等しい体積、あるいは相対熱量が、任意の温度について正確に求められたならば、それらの量を表す数値をもって、比重の一覧表と同じような比熱の一覧表を作り上げることができ、それは化学にとって重要な成果となるだろう。こうした試みはこれまでかなりの成功を収めてきた。

いま述べたように、ある温度について比熱が求められるのならば、物体がその形状を保持したまま、その値が他のどの温度についても決まった比率を示すかどうかは、もう少し研究が必要である。以前になされた実験から、ほとんどそうであることに疑いはないようである。しかし、物体の比熱は、等しい重量よりも等しい体積から推論するほうが、より正確だろう。これら二つの方法が正確に同じ結果をもたらさないのは確かである。なぜなら、等しく温度を上げたとしても、異なる物体の膨張は同じでないからである。しかしこの問題をよく考えてみる前に、温度という言葉で何を意味しようとするのか、はっきりさせるべきである。

第一節　温度およびその測定器について

物体の比熱および温度の概念は、底部の管によって互いにつながった、異なる直径を有する円筒状の容器を組み合わせたものと、それに取りつけられた小さな円筒状の管で捉えることができる。これらはいずれも水あるいは他の液体を入れることができ、地表と垂直に置かれる。円筒は物体のそれぞれの比熱を表わすことになっている。等間隔に目盛りの刻まれた小さな管は、温度計つまり温度の測定器である。一つの容器に水を注ぎ込むと、水はすべての容器および温度計の中で同じ高さまで上昇する。うまいことと同じ割合に注ぎ込まれると、容器と管の中では同じ割合で水が上昇する。水は明らかに、熱もしくは熱素を表わしているのである。この考え方によると、ある物体における熱の均一な上昇が、温度の均一な上昇に対応しているのは明白である。

こうした見解をとろうとするならば、温度が等しい二つの物体において、その温度から別の温度へと上昇した場合、それぞれが受け入れた追加の熱量は、以前からそれらに含まれるその流体の総熱量に正確に比例する。この結論は、総じて諸々の事実とほぼ一致するものの、厳密に正しいわけではもちろんない。なぜなら、弾性流体において、重量と温度が一定に保たれていたとしても、体積の増大が比熱の増加を引き起こすということが、よく知られているからである。ゆえに、固体と液体もまた、熱によって体積が増大するにつれて、その熱容量も増加するというのは確からしい。しかしながら、すべての物体が熱によって単一の同じ割合で増大するなら、この状況が先の結論に影響を及ぼすことはないだろう。しかしこれは事実でないので、この結論に対する反論には信憑性がありそうである。温度計が、温度を示す物体と同じ程度の熱で示される、流体の増加を示すならば、あるいは、空気または弾性流体がその物体で温度を測定されるのならば、空気は温度によって膨張するがままになるのか、それとも一定の体積に抑えられるのだろうか。私の目には、物体が熱を受けながら、体積が一定に保たれた場合の標準熱容量をとるのが理論上最も適切なように思われる。

58 経済学および課税の原理

デイヴィッド・リカード〔一七七二〜一八二三〕

イギリスの経済学者。若い頃より事業家として財をなし、一八一七年に『経済学および課税の原理』を著す。一八一九年に下院議員となり、自由貿易運動に影響を与えた。

第一章　価値について

第一節

ある商品の価値、すなわちそれと交換される他の商品の量は、それを生産するのに必要な相対的労働量に依存するのであり、その労働に支払われる対価の大小に依存するのではない。

「価値という単語には二つの異なる意味があり、ある特定の物の効用を指す場合もあれば、その物を所有することでもたらされる、他の財貨の購買力を指す場合もある。前者は使用価値、後者は交換価値と呼べるであろう」と述べたのはアダム・スミスであり、こう続ける。「最大の使用価値を持つ物が、交換価値をほとんど、あるいはまったく持たない場合がしばしばある。逆に最大の交換価値を持つ物が、使用価値をほとんど、あるいはまったく持たない場合も頻繁にある」水と空気は並外れて有用であり、事実、生存に必要不可欠なものだが、通常の場合、それとの交換で得られるものは何もない。それとは対照的に、黄金は水や空気と比べて有用性はほとんどないが、大量の他の財貨と交換することができる。

それゆえ、効用それ自体は交換価値を計る尺度ではないものの、交換価値にとって絶対に不可欠である。ある商品がまったく無益ならば――言い換えれば、我々の欲求の充足に何ら貢献しないならば――、それがどれほど希少であろうと、あるいはそれを得るのにどれほど労働量が必要になろうとも、交換価値をまったく持たないのである。

効用を持つ商品は二つの源から交換価値を引き出している。一つはその希少性、もう一つはそれを得るのに必要な労働量である。

中には希少性によってのみ価値が決まる商品がある。そうした商品は労働によって量を増やすことができず、ゆえにその価値が供給の増加で下がることはない。希少な彫像や絵画、珍しい書物や硬貨、ある特定の土壌で育った、ごくわずかな量の葡萄からしか作れない、特別な品質のワイン、そうしたものはいずれも以上の商品に当てはまる。それらの価値は、生産するのにもともと必要な労働量とは完全に無関係であり、所有したいと願う人々の富および嗜好に左右される。

しかしそうした商品は、市場で日々取引されている多種多様な商品のごく一部を占めているに過ぎず、現在のところ、欲求の対象となっているこれら商品の大半は、労働によって獲得されたものである。そして、それらを得るのに必要な労働を惜しみなく注ぐならば、一国だけでなく多くの国々においても、その数はほぼ際限なく増加するだろう。
ゆえに我々は、商品、その交換価値、そしてその相対価格を規定する法則を論じる中で、それらの商品は人間の勤労を発揮させることで数量を増やすことができ、その生産においては競争が無制限に繰り広げられているものとする。

59 意思と表象としての世界

アルトゥール・ショーペンハウアー〔一七八八〜一八六〇〕

ドイツの哲学者。ポーランドのグダニスクに生まれ、ゲッティンゲンとベルリンの両大学で学ぶ。一八一九年に主著『意思と表象としての世界』を刊行、その後ベルリン大学で教鞭をとるも、同時期にベルリン大学正教授だったヘーゲルの人気に逆らえず、職を退く。その後はフランクフルトに隠棲。

第一巻　表象としての世界の第一考察／根拠の原理に依拠する表象／経験と科学の対象

第一章

「世界は私の表象である」これは生き、かつ認識するすべてのものに当てはまる真理である。しかしただ人間のみは、この真理を反省的・抽象的に意識できる。人間が本当にそうするならば、彼は哲学的思慮に到達する。そして、自分が認識しているのは太陽と地球ではなく、目が太陽を見、手が地球を触れているに過ぎないこと、自分を取り囲む世界は表象としてしか存在しないこと、すなわち他の何か、つまり自分自身であるところの意識との関連でしか存在しないことが、明白かつ確実になる。もし何らかの真理が前もって示されるなら、それこそがこの真理である。それは存在し得る、そして考え得るすべての経験の、最も普遍的な形態を表現したものだからである。その形式は時間や空間、あるいは因果関係といった形式よりも普遍的なもので、それらはいずれもこの真理を前提としている。また我々はこれら形式を、根拠の原理の数多くある形式として見てとったのだが、その一つ一つは様々な表象の特殊な一部門にしか妥当しないのに、客観と主観の相違はあらゆる部門に共通する形式であり、抽象的であろうと直観的であろうと、あるいは純粋であろうと経験的であろうと、可能でありまた考え得る表象不可欠な形式だからである。それゆえ、この真理ほど確実で、他のすべてから独立しており、証明の必要がないものは存在しない。したがって認識に対して存在するすべてのもの、すなわちこの世界全体は主観との関連における客観に過ぎず、認識する者の認識、つまり表象に他ならない。これは現在においてのみならず過去および未来においても、また近いものにおいても遠いものにおいても明白な真実である。と言うのも、この真理は、それらの差異が生じるところの時間と空間自体にも妥当だからである。この世界に属するもの、または属し得るものはすべて必然的にこうした主観によって条件づけられており、その主観にとってのみしか存在しない。世界は表象である。

この真理は決して新しいものではなく、デカルトが始めた懐疑的考察にも内在している。しかしこの真理を最初にはっきりと表明したのはバークリーであり、彼の他の学説は長く存在し得ないものの、これによって彼は哲学史上不朽の貢献をなしたのである。付録に記した通り、カントの第一の誤謬はこの原理を無視したことである。これに対し、インドの賢人たちはこの真理を早くから認識しており、それはヴィヤーサのものとされているヴェダーンタ哲学の根本教義として現われている。サー・ウィリアム・ジョーンズはこのことを人生最後の論文『アジア人の哲学について』で指摘している。「ヴェダーンタ学派の根本教義は事物の存在、すなわち固体性、不可入性、および延長の存在を否定することにあるのではなく（これらを否定するのは狂気の沙汰だ）、事物に関する一般的な概念を修正し、精神的認知から独立した本質を有するものではなく、存在と知覚可能性は互いに交換できる用語であることを主張することにあった」この言葉は経験的実在性と先験的観念性との融和性を十分に表現している。

したがってこの第一巻では、世界をこの側面からのみ、すなわち世界が表象である限りにおいてのみ考察する。この世界を単に自分の表象としてのみ受け入れる人間の内なる不満は、そうした見方がいかに真実であろうとも、一方的なものであり、なんらかの恣意的な抽象の結果として生じたものではないかと教えている。しかしその一方、誰もこの観念から逃れられないのである。こうした見方の不完全性は、別の真理によって第二巻で修正されるだろう。その真理は我々が第一巻で出発点とする真理ほど直接的に確実ではなく、より深い考察とより厳格な抽象、および異なるものを分離し同一のものを結合させることによってのみ到達し得る。この真理は、万人にとって恐ろしいものとは言わぬまでも、極めて深刻かつ印象的なものである。それはすなわち、「世界は表象である」と誰もが言うことができ、かつ言わざるを得ないということである。

60 法の哲学

ゲオルク・ヴィルヘルム・フリードリヒ・ヘーゲル〔一七七〇～一八三一〕

ドイツの哲学者。チュービンゲン大学で神学を学び、後にイエナ大学、ベルリン大学などで教鞭をとる。主著として一八二一年に発表された『法の哲学』の他、『精神現象学』（一八〇七）、『エンチクロペディー』（一八一七）がある。

緒論

一

哲学的法学は法の理念、すなわち法の概念とその実現とを対象とする。

哲学は理念を問題とすべきであって、ゆえに単なる概念と呼び慣わされているものを問題とすべきではない。むしろ哲学は、そうした単なる概念の一面性と非真理性とを明らかにし、概念とふつう呼ばれているものが単に抽象的な悟性規定に過ぎない一方、真の概念のみが現実性を持ち、それ自身に現実性を与えていることを示す。概念によって定立された現実性以外の一切は、すべて過ぎ去り行く定在であり、外的偶発性、臆見、本質なき現象、非真理、あるいは欺瞞と言って差し支えない。概念が自ら現実化する際にとる形態によって、概念自身は理解されるのであるが、その形態は理念のもう一つの本質的契機であって、単なる概念として存在する形式からは区別されるべきである。

〔補遺〕概念とその現存は二つの面であるが、魂と肉体のように区別されながら同時に一体である。肉体と魂は同じ生命であり、それでいて両者は別々に存在するものとして称されもする。肉体なき魂は決して生けるものでなく、逆もまた真なりであろう。ゆえに、肉体がそれを作り出した魂に従うように、概念の定在は概念の肉体である。胚芽は樹木そのものではないが、自己の中に樹木を蔵し、その力全体を含んでいる。樹木は胚芽の単純な形態にまったく対応しているのである。肉体が魂に対応しないとすれば、それは不完全である。定在と概念との統一、すなわち肉体と魂との統一が理念である。それは単に両者の調和でなく、完全なる相互浸透である。何らかの方法で理念でないものは、何一つ生きてはいない。法の理念は自由であり、それが真に把握されるには、法の理念はその概念において、またその概念の具体化において、理解されなければならないのである。

二

法学は哲学の一部門である。ゆえに、法学はその概念から、対象の理性であるところの理念を発展させなければならない。また同じことだが、事物そのものの内在的発展を顧慮しなければならない。法学は哲学の一部門であるから、先行するものの結果にして真理でもある一定の出発点があり、そしてこの先行するものがいわゆる証明を形作る。したがって、法の概念の起源は、法学の外部に属する。本論において、法の概念の演繹は前提されたものであり、所与のものと認められなければならない。

〔補遺〕哲学は一つの環を形作る。哲学は一つの始まりをともかくも形作らねばならないのだから、直接与えられた最初のもの、証明されておらず結果でもないものを有する。しかしこの出発点は、別の視点に立てば結果として現われるのだから、単に相対的なものである。哲学は一つの連鎖であり、その連鎖は虚空を漂うものでも、あるいは新たな出発点を直接形作るものでもなく、自己完結した円環なのである。

諸学問の形式的・非哲学的方法によれば、少なくとも外面的な学問的体裁のために、定義がまず求められる。しかし実証的法学は定義をほぼまったく重要視しない。と言うのも、実証的法学が特に目指しているのは、何が法にかなったことなのか、すなわち特別な法律的規定にはどのようなものがあるのかを示すことだからである。それゆえに次の警句が存在しているのである。「市民法において、一切の定義は危険である」(omnis definitio in jure civili periculosa) そして実際、一つの法の諸規定が相互に関連を失い矛盾すればするほど、その定義は不可能となる。定義というのは普遍的な諸規定を含むべきであるはずなのに、これらは矛盾したものを、ここでは不法なものをむき出しの姿で示すからである。例えばローマ法では、人間についてのいかなる定義も不可能である。なぜならこの定義に奴隷は含まれず、人間の概念は奴隷の存在という事実によって損なわれるからである。同様に、所有や所有者の定義も、多くの関係にとって危険な存在として現われるだろう。

61

戦争論　カール・フォン・クラウゼヴィッツ〔一七八〇～一八三一〕

プロイセン王国の軍人、軍事学者。ナポレオン戦争（一八〇三～一八一五）にプロイセン軍将校として従軍、戦後は研究と著述に専念し、没後の一八三二年に『戦争論』が刊行される。

第一篇　戦争の本質

第一章　戦争とは何か

一、はじめに

我々はまず本書の主題、すなわち戦争における個々の要素から論を始め、ついでこれら要素の集合体である個々の部門ないし部分に移った後、最後に内的関連を保つところの全体を論じるものとする――つまり単純なものから複雑なものへと論を進めることになる。しかしまずは全体としての戦争の本質に目を向けることから始めなければならない。なぜならそれぞれの部分を検討する中で、同時に全体を考慮することが、とりわけ必要だからである。

二、定義

我々は法学者によって議論されている難解な定義に立ち入ることはせず、そのもの自体の要素、すなわち決闘にあくまで固執するものとする。戦争は規模の大きな決闘に他ならない。戦争を形作る無数の決闘を一体として見ようとするならば、二人の決闘者を考えるのが最良のはずだ。二人はそれぞれ物理的な力によって、相手を自らの意思に服従させようとする。つまり敵を屈服させ、さらなる抵抗を不可能にさせようと必死に試みるのだ。

ゆえに戦争は、敵対する者に自分の意思を強要することを目的とした、一種の暴力的行為である。

暴力は別の暴力と戦うため、科学技術の産物を援用している。国際法という、存在感がほとんどなく、言及する意味もない、幾多の制限が戦争には伴っているが、暴力的行為の力を削ぐことは事実上ない。暴力すなわち物理的力(国家および法という概念の伴わない倫理的力は存在しない)はそれゆえ手段であり、敵を我が意図に強制的に従わせるのが目的である。この目的を完璧に達成するためには、敵の防御を完全に無力化しなければならず、防御の無力化は理論上、軍事的行為における一切の目標となる。それは戦争目的に取って代わり、さしあたって我々の計算から取り除いてしまうのだ。

三、力の最大限の活用

さて、博愛主義者というものは、協定によって敵の武装を解除し、あるいは降伏させる方法があるはずだ、ゆえに過度の流血は避けるべきだと、そしてそれこそが戦争術における本来の意図なのだと、安易に想像するかもしれない。それ自体は至極真っ当かもしれないが、修正すべき誤謬がなお存在している。戦争という危険な事業においては、博愛精神から生じた誤謬こそが最悪だからである。物理的力を最大限活用するといっても、決して知識の援用を妨げるものではないのだから、流血の事態を考慮に入れずただ闇雲に力を行使する者は、敵がその行使により消極的ならば、必ずや優位を得るだろう。そうして自らの意思を掟として強制するのである。しかし両者ともに同じことをするならば、力の行使は極度に達する。それを制限するものがあるとすれば、力の絶対的発揮を防ぐ何らかの対抗物以外には存在しない。

戦争はこのように見なければならず、そこに内在する粗暴な諸要素に嫌悪を覚えるからといって、戦争の真の本質を検討することから目を背けるのは、何ら意味がないだけでなく有害ですらある。

62 アメリカの民主政治　アレクシ・ド・トクヴィル〔一八〇五〜五九〕

フランスの歴史家、政治学者。法律家を経て一八三一年にアメリカ訪問、帰国後の一八三五年に『アメリカの民主政治』を発表し、ヨーロッパで名声を得る。その後政治家に転じ、一時期外務大臣も務めた。

第一部

第一章　北アメリカの地形

北アメリカは二つの広大な地域に分かれ、一方は北極に向けて、他方は赤道に向けて低くなっている――ミシシッピ川流域――地殻変動の痕跡――イギリス植民地が設けられた大西洋沿岸――発見当時における、南北アメリカの外見の違い――北アメリカの森林――大平原――流浪する原住民族――彼らの外見、習俗、言語――未知の種族の痕跡

北アメリカの地形には、一目で簡単に識別できる地形上の一般的な特徴があり、一種の整然とした秩序が、陸と水の区別を、山と谷の区別を規定しているように思われる。様々なものが混沌とし、驚くほど多様な風景が広がる中、単純でありながら壮大な構図がそこに見出される。

この大陸は二つの広大な地域にほぼ等分される。一方は北極点を北の境界とし、東西は二つの大洋と接している。またこの地域は南に向かって三角形をなし、不規則に延びるその両辺はカナダの大湖沼の南で交わっている。もう一つの地域は、第一の地域が終わるところから始まり、大陸の残り全てを包含する。その一方は北極点に向かって緩やかに下り、もう一方は赤道に向かって下っている。

第一の地域に含まれる土地は、そうと分からないほどなだらかに北へと向かって低くなっており、水平な平野を成していると言って差し支えなかろう。この広大なる平野の中に、高い山や深い谷は存在しない。小さな川はその中を不規則に蛇行する。大きな河川は交錯し、離れては再び合流する。そして四方に広がっては広大なる沼沢地を形作り、自ら生み出した水の迷宮の中に痕跡を消す。そして数え切れぬほど蛇行を繰り返したのち、ようやく北極海に注ぎ込む。第一の地域を区切る大湖沼は、旧世界の多くの湖と同じように、丘陵や岩山によって仕切られてはいない。湖畔は平坦で、水面から数フィートの高さしかない。よってこれら湖のそれぞれは、縁までなみなみと注がれた巨大な盃を成している。ほんのわずかに地殻が変動しただけで、溢れた湖水は北極点か熱帯の海に流れ込むだろう。

第二の地域はより起伏に富み、人間の居住に適している。二つの長い山脈がこの地域を端から端まで分断している。一方のアレゲニー山脈は大西洋岸に沿って延び、もう一方は太平洋と平行に走っている。これら二つの山脈の間に広がる空間は一三四万一六四九平方マイルに達し、フランスの総面積のおよそ六倍に相当する。しかしながら、この広大な地域は一つの渓谷を成しているに過ぎず、アレゲニー山脈の丸い山頂からゆっくりと低くなり、その後何一つ妨げられることなく、ロッキー山脈の鋭峰に向かって再び高くなっている。谷底には大河が流れ、山々を源とする多数の川が至るところでこの大河に流れ込んでいる。かつてフランス人は故国を偲び、この河をサン・ルイ河と呼んだ。またインディアンは彼らの大げさな言葉で、この河を水の父、すなわちミシシッピと名付けた。

63

とてつもない民衆の妄想と群衆の狂気

チャールズ・マッケイ〔一八一四～八九〕

スコットランド出身の作家、ジャーナリスト、詩人。少年期の大半をフランスで過ごし、一八三四年にロンドンに戻ってからはジャーナリズムの世界に身を投じる。主著『とてつもない民衆の妄想と群衆の狂気』は一八四一年に刊行。

第一章　ミシシッピ会社

一七一九年から二〇年にかけて実行された大いなる計画には、一人の男の個性と生涯がごく密接に結びついている。そのため、ミシシッピの狂気の歴史を紹介するにあたっては、その偉大なる仕掛け人ジョン・ローの生涯を語る以上にふさわしいものはない。その彼を悪漢と称すべきか狂人と称すべきかを巡り、歴史家の意見は割れている。いずれの称号も、ローがまだ存命であり、彼の計画の不幸な結末がいまだ強く印象に残っていた頃から、彼に容赦なくつきまとっていたものである。しかし後世の人間は、そうした非難が果たして正当なのかと疑い、ジョン・ローは悪漢でも狂人でもなく、騙したというよりも騙された人間であり、罪を犯したというよりも罪を背負わされた人間であるという見方をするようになった。ローは信用というものの理念、あるいは本質に深く精通しており、同時代のどの人間よりも貨幣にまつわる問題を理解していた。彼の計画があれほどまでに悲惨な形で崩れ去ったのは、ロー自身のせいではなく、むしろその対象となった人々の責任である。ローは一国全体を覆う強欲な熱狂を計算に入れず、信用が不信と同じく無限に膨らみ得ること、そして希望が恐怖と同じように途方もなく膨らんでしまうことに気づかなかった。寓話の登場人物の如く、フランス人が狂気の欲求に取り憑かれ、金の卵を産ませるべく持ち込んだ素晴らしいガチョウを殺すなどと、ローがどうして予測できよう？　彼の運命は、エリー湖からオンタリオ湖へと最初にボートで向かった、勇気溢れる冒険家のそれと似ている。幅が広く流れも緩やかな川へと彼は漕ぎ出した。船足は速く快適そのもの。その行く手を妨げるのは一体誰であろう？　ところが、なんということか！　前方に瀑布が迫るではないか。手遅れになってはじめて、自分を快適に運んできた川の流れが、実は破滅に至る流れであることに彼は気づいた。後戻りしようといくら必死の努力を続けても、微々たる力では太刀打ちできないほど流れは早く、刻一刻と巨大な瀑布が迫る。ついに彼は激流とともに滝つぼへ落ち、鋭い岩の縁に激突した。彼は断末魔の叫びを残して粉々に打ち砕かれたが、川の水は急激に落下しながら狂ったように暴れ、そして泡立ち、しばらくは沸騰したかのように激しく泡を出していたが、ふたたび穏やかな流れへと姿を変えた。ローとフランス人の関係もこれと似たようなものである。冒険家はロー、川の流れがフランス人という具合に。

ローは一六七一年、エジンバラに生まれた。父親はファイフに古くからある旧家の末子で、金細工商を経て銀行家となった。その商売でかなりの富を蓄え、自らの名に土地の名前を加えるという、当時の田舎紳士のあいだで流行っていた願望を叶えることができた。ロージアンの西部と中部の境界に位置するフォース湾に面した、ローリストンとランデルストンの地所を購入した父親は、以降「ロー・オブ・ローリストン」を名乗っている。長男として生まれた我々の主人公、ジョン・ローは十四歳のときに父親の銀行に加わり、三年のあいだ必死に働くことで、当時のスコットランドにおける銀行業の本質を見極めた。ローは数字の勉強が大好きで、並外れた数学力の持ち主と認められたこともある。十七歳のときには、背が高く頑健な、健康そのものの青年に育っており、顔には疱瘡によるあばたが深く残っていたものの、その表情は人に好感を抱かせ、知性に満ちていた。このころ、ローは自分の仕事に嫌気が差し始め、虚栄心から派手な服装を好むようになった。その一方で女性を好み、そのために「伊達男《ボー》のロー《ロー》」

とあだ名されるのだが、彼のきざな態度を軽蔑する男たちは「ジェサミー・ジョン」と呼んでいた。父親がこの世を去った一六八八年、仕事に飽き飽きしていたローは会社から完全に離れ、ローリストンの地所から上がる利益を手に、世界をこの目で見ようとロンドンへと旅立った。

64 共産党宣言

カール・マルクス／フリードリヒ・エンゲルス（一八二〇～九五）

エンゲルスはドイツの社会主義者。マルクス（一八一八～八三）との共著で一八四八年に『共産党宣言』を刊行、その後はマルクスを経済的に支援するとともに、彼の著作の編集（『資本論』第二巻・三巻）および翻訳に生涯を費やした。

亡霊がヨーロッパを徘徊している――共産主義という亡霊が。この亡霊を追い払うため、古いヨーロッパのすべての権力が神聖な同盟を結んでいる。ローマ法皇とロシア皇帝、メッテルニヒとギゾー、フランスの急進派とドイツ官憲の密偵が。

権力を握っている敵から、共産主義的だと非難されたことのない野党が、いったいどこにあるだろうか？　反動的な敵に向かってと同じように、自分より進歩的な反対派に対して、共産主義という烙印にも似た非難を投げつけたことのない野党がどこにあるだろうか？

この事実から、二つの結果が生じる。
一、共産主義はすでに、ヨーロッパのすべての権力によって、それ自体が一つの権力であると認められている。
二、いまこそ共産主義者が、全世界に向けて自らの見方、自らの目的、そして自らの傾向を明らかにし、共産党自体の宣言をもって、共産主義の亡霊というこのおとぎ話に反駁するときである。
この目的のために、様々な国籍の共産主義者がロンドンに集って以下の宣言を起草したが、それは英語、フランス語、イタリア語、フラマン語、およびデンマーク語で公刊される。

一　ブルジョワとプロレタリア

これまでに存在したすべての社会の歴史は、階級闘争の歴史である。自由民と奴隷、貴族と平民、君主と農奴、ギルドの組合員と職人、言い換えれば、抑圧者と被抑圧者は、絶えず相互に対立していて、時には密かに、時にはおおっぴらに、途切れることなく戦いを繰り広げた。そしてその戦いが終わるたび、社会全体が革命的に再編されるか、闘争する階級が共倒れに終わるかしたのである。

歴史の初期の諸時代には、社会が様々な状態に編成され、社会的地位についても多様に階級化される様子が、ほぼいたるところで見られる。古代ローマには貴族、騎士、平民、奴隷が、中世には封建領主、臣下、ギルド組合員、職人、徒弟、そして農奴があり、これら階級のほぼすべての内部には、またそれぞれの段階区分があった。

封建社会の廃墟から生まれた近代ブルジョワ社会は、階級間の反目を解消しなかった。それは新しい階級、新しい抑圧条件、新しい闘争形態を生み出し、それをもって古いものを置き換えたに過ぎないのである。

とは言え、我々の時代、すなわちブルジョワジーの時代には、次の明確な特徴がある。つまり、階級対立を単純化したのだ。社会全体は敵対する二大陣営に、すなわちブルジョワジーとプロレタリアートという、直接対立し合う二大陣営にますます分裂しつつある。

中世の農奴から、最初の都市市民が生まれた。そしてこれらの都市市民から、ブルジョワジーの最初の諸要素が発展した。

アメリカの発見、喜望峰の周航は、勃興するブルジョワジーに新たな領域をもたらした。東インドと中国の市場、アメリカの植民地化、植民地との交易、そして交換手段および商品一般の増大は、商業、航海、産業にかつてない刺激を与え、それにより、衰退しつつあった封建社会の革命的要素に、急激な進化をもたらしたのである。

外部に閉鎖されたギルド制が工業生産を独占するという、封建的な産業経営の様式は、増大する新市場の需要を満たすのにもはや十分でなく、手工業様式がそれに取って代わった。ギルドの組合員たちは、手工業に携わる中産階級に押しのけられ、様々なギルドのあいだで行なわれていた分業は、個々の作業場における分業の前に姿を消したのである。

一方で市場はますます拡大を続け、需要もそれに従って増大した。そうなると、手工業でさえもはや十分ではなくなった。そこで蒸気機関と機械が出現し、工業生産に革命を起こした。手工業は近代的大工業に取って代わられ、工業に携わる中産階級は工業における百万長者、全工業軍の総帥、そして近代ブルジョワジーに取って代わられたのである。

65　十九世紀における革命の一般理念
ピエール・ジョセフ・プルードン〔一八〇九～六五〕

フランスの社会主義者、アナーキスト。主な著作に『所有とは何か』（一八四〇）、『経済的諸矛盾の体系』（一八四六）、『十九世紀における革命の一般理念』（一八五一）などがあり、また過激な言説のために幾度か投獄された。

ブルジョワ諸氏へ

諸君らブルジョワ諸氏に、私は以下の新しい小論を捧げたい。諸君は常に、最も大胆にして最も熟練した革命家だった。

キリスト紀元の三世紀このかた、都市連合という手段を通じて、ガリア地方のローマ帝国に経帷子をまとわせたのは諸君である。その出現によって事態の様相を突如一変させた蛮族の存在がなければ、諸君の築いた共和国は中世を支配したことだろう。我が国の王制はガリア系でなくフランク系であることを、ここで思い出していただきたい。

城塞に対して都市を、諸侯に対して王を対峙させ、後に封建制度を打倒したのも諸君だった。そして最後に、過去八十年間、信仰と出版の自由、あるいは結社および商工業の自由など、あらゆる革命的理念を次々と宣言したのもまた諸君である。諸君が起草した優れた憲法によって、祭壇と王座に歯止めをかけ、法の前での平等、国家の諸記録の公開、政府の人民に対する服従、そして世論の至上性を恒久的基礎の上に打ち立てたのも、諸君だった。

十九世紀に発生した革命の諸原理を築き上げ、その基礎を確立したのも諸君、さよう、諸君だけである。

諸君に対してなされた攻撃は、いずれも生き永らえることができなかった。

諸君が取りかかった何事も、所期の目標に達せざることはなかった。

諸君が企てる何事も、失敗に終わることはないはずだ。

専制はブルジョワジーの前に頭を下げた。幸福な兵士（ナポレオン・ボナパルト）も、聖油で清められた正統王（シャルル十世）も、市民王（ルイ・フィリップ）も、不幸にも諸君の機嫌を損ねた瞬間、幻影の如く姿を消したのである。

フランスのブルジョワ諸君、人類の進歩は諸君が主導権を握っている。正規の教育を受けていない労働者は、諸君を師とし手本としている。かくも多くの革命を達成してもなお、理性に反し、諸君自身の利益に反し、かつ名誉に反してまで反革命的になったということが、果たしてあり得るだろうか？

私は諸君の不満を知っている。しかし、それらは二月に始まったものばかりではない。

一七九三年五月三十一日、諸君はサン・キュロット派に不意を打たれ、それに取って代わられた。それから、諸君が遭遇した中で最も恐ろしい期間だった十四ヶ月間、政権は有象無象の群衆の指導者が握ることになった。大衆による独裁の十四ヶ月間、彼らは不幸なる支持者たちのために、いったい何ができたであろうか？　悲しいかな、彼らは何一つできなかった！　例によっておこがましく、自惚れだけは強い彼らの奮闘は、諸君の仕事をどうにか続けさせたに過ぎなかった。一八四八年の場合と同じように一七九三年においても、民衆によって選ばれた人々――その大半は大衆の出身ではなかったが――は、所有権の保護のみにしか関心を抱かなかった。つまり労働者の諸権利についてはどうでもよかったのだ。外国の敵に対する抵抗を除けば、政府の力は諸君の利益を維持することにのみ捧げられていたのである。

66 自由論 ジョン・スチュワート・ミル〔一八〇六〜七三〕

イギリスの哲学者。ベンサム流功利主義運動のリーダーであり、一八四三年に主著『論理学体系』を出版、また一八五六年には評論として名高い『自由論』が刊行された。一八六五年には下院議員となり、婦人参政権と自由主義の実現に力を尽くした。

第一章　緒論

本書の主題は、哲学上の必然という誤解されやすい名前の理論と対立する、いわゆる意志の自由ではなく、市民的な、あるいは社会的な自由である。つまり、個人に対して社会が正当に行使し得る権力の性質および限界である。この問題は滅多に語られることがなく、一般的に議論されることもほとんどなかったが、今日の現実的問題を巡る議論に大きな影響を与え、また未来に関する極めて重要な問題として、すぐにも認められるようになるだろう。それは新しい問題ではまったくなく、ある意味において、太古の昔から人類を二分している。しかし、より文明化された人類が今日足を踏み入れている進歩の段階において、それは新たな条件のもと姿を現わし、これまでとは違うより根源的な議論が必要とされている。

自由と権威との対立は、我々に馴染み深い古代の歴史、とりわけギリシャ、ローマ、そしてイングランドの歴史において、もっとも際立った特徴を示している。しかし古来、この対立は被支配者、もしくはその中の一部の階級と、政府との間のものであった。そのとき自由という単語が意味していたのは、政治的支配者の圧政から身を守ることだったのである。支配者という存在は（ギリシャにおける一部の民主的政府を除き）、支配される人々と必然的に対立するものとみなされた。支配者は一人の個人、もしくは一つの部族ないし身分で構成され、その正当性は世襲または征服に由来するものであり、いかなる場合であっても被統治者の意向とは関係ない。またその圧政をいかに警戒しようとも、人々は権力に挑戦しようとせず、またおそらくはその意欲もなかった。支配者の権力は必要なものとみなされたが、同時に極めて危険なもの、外敵のみならず国民に対しても向けられる武器と考えられた。共同体の弱者が無数のハゲタカの餌食になるのを防ぐためにも、並外れて強い猛禽がいて、他のハゲタカを抑え込むことは有益だったのである。しかしハゲタカの王とて、弱者の群れを餌食とすることにおいては、他のハゲタカと変わりはない。ゆえに、そのくちばしと爪に対して、不断の防衛意識が必要となる。したがって、愛国者が目標としたのは、支配者が共同体に行使し得る権力を制限することであり、この制限を彼らは自由と表現したのである。権力の制限は二つの方法で試みられた。一つはある種の義務の免除を得ることであり、それを政治的自由もしくは政治的権利と称した。それを侵害することは支配者の義務違反とみなされ、実際に侵害したならば一定程度の抵抗、ひいては全体的な反乱も正当化されるとした。二つ目の方法は、総じて後の時代で見られるようになったものだが、制度的な監視機構を設けることだった。それにより、権力が何らかの重要な行為をする場合、共同体の同意、もしくは共同体の利益を代表すると認められた機関の合意が必要不可欠な条件とされた。これら二つの制限方法のうち、第一のものについて、ヨーロッパのほとんどの国の統治者は、多かれ少なかれ従うことを余儀なくされた。しかし二つ目についてはそうはならなかった。そのため、これを達成すること、もしくはある段階まで達成された後、より完全なものにすることは、どの国であれ、自由を愛する者の主要な目標となった。そして人類が敵をもって別の敵と戦うことに満足している限り、また圧政からの保護を多少なりとも保証されているという条件のもと、支配されることに満足している限り、人々の願望がこの一線を越えることはなかったのである。

67 種の起源　チャールズ・ダーウィン〔一八〇九〜八二〕

イギリスの地質学者、生物学者。一八三一年から三六年にかけて海軍観測船ビーグル号に乗り組み、パタゴニア探検に参加する。その成果は一八四六年に出版された何冊かの著書の中で発表された。その後一八五九年に主著『種の起源』を刊行。

一、飼育栽培下での変異

我々が古くから飼い育てている動植物の、同じ変種あるいは亜種の各個体に目を向けてみると、まず気づくのは、一般的にそれらが各個体ごとに大きく異なっている点であり、自然界における種あるいは変種の各個体以上に差異が見られる。飼育栽培された動植物の多様性、つまり時代が過ぎるあいだ、大きく異なる気候や育て方によって変異を生じた動植物の巨大な多様性に思いを馳せるとき、我々は次のように結論づけてしまうのではないかと、私は考える。つまり、この巨大な多様性は単に、我々の飼育栽培したものが、自然に晒されているそれらの親種と比べて均一でない、かつそれらとはいささか異なる生育条件で育てられたせいである、と。またアンドリュー・ナイトによって提示された見方の如く、この多様性が食料の過剰と部分的に結びついている可能性もあるだろう。生物が何世代かをかけて新たな生存条件に晒され、相当程度の変異が引き起こされるのは明らかなように思われる。また生物が一旦変異を始めたなら、一般的に何世代にもわたって継続するのも同様である。飼育栽培という条件のもと、変異し得る生物が変異をやめたという例は、記録に存在しない。たとえば小麦のように、我々が古くから栽培している植物はいまなお新たな変種をしばしば生み出している。我々が古くから飼育している動物もまた、いまなお急速に改良もしくは変形し得るのだ。

どういった形であれ、変異の原因が一般的に生涯のどの期間で生じ得るか、胎芽が成長する初期の段階なのか後期の段階なのか、またあるいは受胎した瞬間に生じるのかは、以前から論争の的にされてきた。ジョフロワ・サンティレールが行なった実験は、胎芽に人工的に手を加えることで奇形が生じたものの、奇形と単なる変異との間に明確な境界線を引くのは不可能であることを示した。しかし私は、変異を最も頻繁に生じさせる原因は、雌雄の生殖要素が受胎行為に先立って何らかの影響を受けたことにあると、強く疑うものである。そう信じるにはいくつか理由があるものの、中でも一番大きいのは、飼育もしくは栽培が生殖システムの機能に及ぼす特筆すべき影響である。このシステムは生物の他のどの部分よりも、生育条件の変化に対してはるかに繊細であるかのように見受けられる。動物を手懐けるより簡単なことはなく、それを檻の中で自由に繁殖させるより難しいことはない。多くの場合で見られるように、雄と雌が互いに結びついていても、である。生まれた地域から離れることも、厳重な檻の中に閉じ込められることもなく、十分長寿を保ちながら、それでいて繁殖しない動物のなんと多いことか！　これは一般的に、本能が抑制されたためだと考えられている。しかし極めて旺盛な活力を見せながら、種子をほとんど、あるいはまったく落とさない植物のなんと多いことか！　数少ないケースにおいては、特定の成長段階で水の量が僅かに増えた、あるいは減ったなどのごく些細な変化のために、その植物が種子を落とすかどうか左右されるということが発見されている。

68　イタリア・ルネサンスの文化
ヤーコプ・ブルクハルト〔一八一八～九七〕

スイスの歴史学者。ベルリンとボンで神学および美術史を学び、新聞編集者を経てバーゼル大学の歴史学教授となる。一八六〇年に主著『イタリア・ルネサンスの文化』を刊行するも、晩年の三十年間は著述活動から離れて教育活動に専念した。

第一部　芸術作品としての国家

序論

本書は極めて厳密な言葉の意味において、試論という表題を掲げている。限られた材料と力量しかないにもかかわらず、かくも困難な課題に取り組んだことを、筆者は十分すぎるほど認識している。また、筆者がより強い自信をもって自分の研究を眺められたところで、それによって識者の賛同がさらに得られると確信できるわけでもあるまい。

ある一つの文明は、見る者の目によって異なる姿を見せる。また、我々の文明の母であり、今もなお我々に影響を与えている文明を扱うとき、主観的な判断や感情が、筆者にも読者にも絶えず入り込むのは避けられない。我々が乗り出そうとしている大海には、可能な航路と針路が数多く存在している。そして本書のためになされた同じ研究も、他人の手にかかれば、まったく別の扱いや応用がされるだけでなく、本質的に異なる結論がそこから導き出されるかもしれない。対象がかくも重要であるなら、新たな検証がなお必要であり、同時に多種多様な視点から考察されるべきだろう。その一方で、我々は辛抱強く耳を傾けてもらい、本書を一つのまとまったものとして把握・評価してもらえば満足である。文化史において最も難しいのは、一つの壮大な知的過程をなんとか理解するため、時には恣意的なもののように見える、個々の範疇に分解しなければならないことである。我々は本書における欠陥を、以前の著作『ルネサンスの芸術』によって埋めあわせようと意図したが、その目論見は部分的にしか達成されなかった。歴代の教皇とホーエンシュタウフェン家との闘争は、イタリアを、他の西欧諸国と本質的に異なる政治状況の下に置いた。フランス、スペイン、イングランドにおける封建制度は、その寿命が尽きたとき、必然的に統一された君主制へと姿を変え、またドイツにおいては、帝国の統合を少なくとも外面的に維持する一助となったが、イタリアはそうした封建制度をほぼ完全に打ち捨てていた。十四世紀の皇帝たちは、最も有利な場合でも、もはや封建君主としてではなく、既存勢力の指導者ないし支持者として認められ、尊重された。その一方で教皇権は、手下や仲間を有していたため、将来的に起きるであろう国家の統一を妨げるのに十分な力を持ってはいたが、自らそうした統一を引き起こすことはできなかった。これら両者の間には、多数の政治的勢力――共和政体および専制君主――が存在し、古くからのものもあれば、新たに勃興したものもあったが、それらの存亡は自らを維持する力にかかっていた。我々はそれらの中において初めて、ヨーロッパの近代的な国家精神が自らの本能に自由に身を委ねる様を見た。それは束縛のない利己心の最も悪い特徴をしばしば示し、一切の権利を踏みにじり、より健全な文化の形成を萌芽のうちに摘み取った。しかし、こうした恐るべき傾向が克服されるか、なんらかの方法で償われるとき必ず、一つの新しい事実が歴史の中に現われる。それはつまり、熟慮と計算の結果としての国家、芸術作品としての国家である。この新たな生命体は、共和政体においても専制国家においても多種多様な形をとり、その外交政策だけでなく内部形態をも決定する。しかし我々は専制国家において示される、より完全な、またより明確に定義された類型を考察するにとどめるものとする。

専制君主が統治する国家の内的状況には、皇帝フリードリヒ二世によって改造された後の南部イタリアおよびシチリア島のノルマン国家という、有名な実例が存在する。サラセン人に取り囲まれ、裏切りと危険の中で成長したフリードリヒ二世は、王座に君臨した初めての近代的統治者であり、早くから物事をまったく客観的に処理することに慣れていた。彼はサラセン人国家の内部状況と行政を間近に見ており、また敵対勢力との戦いはもとより、教皇権との存亡を賭けた闘争はその彼をして、あらん限りの力と武器を戦場に持ち出させたのである。

69 第一原理 ハーバート・スペンサー〔一八二〇～一九〇三〕

イギリスの哲学者。ダーウィンに先駆けて進化論を固く信じ、社会進化論という概念を生み出した。代表作として『総合哲学大系』（全九巻、一八六二～九三）がある。『第一原理』（一八六二）はその巻頭にあたる。

第一編　不可知の究極存在

第一章　宗教と科学

一

「悪事のうちに善の魂」があるだけでなく、ごく普通に、誤謬のうちに真実の魂があることを、我々は頻繁に忘れがちである。誤謬はたいてい事実の核を有しているという抽象的な蓋然性を認める者は多いものの、他人の意見に判断を下すとき、この抽象的蓋然性を心に銘じている者はほとんどいない。事実とまったく相反することが明らかとなった信仰は、憤怒や軽蔑の念とともに放り捨てられてしまう。そして論難せんとする熱情に取り憑かれ、この信仰は人の心に訴える何を有していたのかと、究明を試みる者は稀である。しかし、そこには何かがあったに違いない。そしてその何かこそ、彼らの経験のいくつかと一致するものであると、信ずるに足る理由がある。それは極めて限定された、あるいはごく曖昧な一致だろうが、それでも一致に変わりはない。もっとも荒唐無稽な風説でさえ、いかなる場合であっても、辿っていけば現実の出来事に達するかもしれない。またこうした現実の出来事が存在しなければ、馬鹿げた偽りも決して存在しないはずである。風説という拡大鏡によって歪められ、あるいは拡大されて我々に伝えられた映像は、現実とまったく似つかないものであるが、そもそも現実が存在しなければ、歪められた、あるいは拡大された映像など存在するはずもない。人間の信仰も一般的にはかくの如しである。まったく間違っているかに思われようと、その含意は、こうした信仰も実際の経験から生じたものであり、元々は少量の真理を含み、おそらく今なお含んでいるのである。

ずっと以前から存在し、今や広く普及した信仰という問題において、我々はとりわけ確実に上記の点を信じることができる。また問題が、永続的かつ、ほぼあるいは完全に普遍的な信仰であればなおさらである。目下の世論について、完全に間違っているわけではないと推論することは、支持者の数に比例して力を得る。我々は次のことを認めなければならない。すなわち、内なる信念と外部の状況との間で何らかの妥協が成り立たなければ人生は不可能であり、ゆえに蓋然性は信念における真実を、少なくとも真実の一部を常に支持する。また我々は、多くの精神が共通して保持する信念は一般に、必ずや何らかの基礎を有していると認めなければならない。個々人の思考から誤謬を取り除くことは、結果として生じる判断にある種の追加価値を与えるに違いない。事実、広く普及した数多くの信仰が権威あるものとして受け入れられること、そうした信仰を抱く者たちがその検証を試みないこと、そうしたことが強く求められているかもしれない。ゆえに、支持者の規模は信仰の蓋然性にほとんど寄与しないと推測されるかもしれないが、これは真実ではない。批判的な検証を経ずして広く受け入れられた信仰は、それを受け入れた者たちが信じる他の様々な信仰と、一般的に調和しているからである。またそれら他の様々な信仰が個人的な観察や判断を土台とする限り、それらは自らと調和する信仰を間接的に是認しているのである。この是認は小さな価値しかないものであろうが、それでも是認には違いない。

70 ロウソクの科学 マイケル・ファラデー〔一七九一〜一八六七〕

イギリスの化学者・物理学者。ベンゼン、電磁誘導現象を発見し、ファラデーの電気分解の法則を導いた。『ロウソクの科学』は少年少女向けに、一八六〇年に行なわれたクリスマス講義をまとめたもの。

第一講 ロウソク。炎――その素――構造――運動――明るさ

ここでのお仕事を見に来てくださったお礼として、この講義でロウソクのお話をしたいと思います。このテーマを選んだのはずっと前のことでして、もし私の好き勝手が許されるなら、毎年でもこのお話を繰り返すでしょう。と言うのも、このテーマには面白いことが山ほどありますし、科学の様々な分野に驚くほど多種多様の結果をもたらしているからです。この宇宙を一部でも支配している法則のうち、ロウソクのお話に関係のないものは一つもありません。自然科学の勉強を始めるとき、ロウソクの物理的現象を研究するのが、最もよい、最も入りやすい入り口なのです。ですので、より新しいテーマでなくこのお話を選んでも、みなさんをがっかりさせることはないと信じています。新しいテーマの中にはいいものもあるでしょうが、やはりロウソクのお話が一番だと思います。

さて、先へ進む前にもう一つお話させてください。今回のテーマはとても優れたものですし、私も真面目に、真剣に、そして科学的に取り上げるつもりですが、決して大人向けのお話にするつもりはありません。私は、自分も青少年になって、青少年に語りかける特権を持とうと思うのです。これまでの講演でもそうしてきたように、みなさんが構わなければ、今回もそうするつもりです。また、今回の講演が広く公表されることは知っていますけれど、私は今まで通りの、親しい人に語りかけるような調子で、今回もお話ししたいと思います。

さて、みなさん、まずはロウソクが何で作られるかをお話ししなくてはなりません。ロウソクの材料の中には、とても興味深いものがあるのです。ここにいくつかの木片と、よく燃えることで有名な木の小枝が何本かあります。これはアイルランドの湿地でとれた非常に珍しいもので、「ロウソクの木」と呼ばれています。硬く丈夫で、力を受け止めるのに適した優秀な木材ですが、その上とてもよく燃えるものですから、これが生えている地方では薪やたいまつにすると同時に、ロウソクのように燃えることもあって、かなりよい明かりにもなるのです。そしてロウソクの一般的な性質を説明するにあたって、この木ほど優れた例は他にありません。供給される燃焼物質、その燃料物質を化学反応に至らせる方法、そしてその化学反応――つまり熱と光――を引き起こすべく、一定の割合で徐々に供給される空気。これらはいずれも、天然のロウソクとでも言うべきこの木の小片に見出すことができるのです。

しかしここでは、この天然のロウソクではなく、売っているロウソクのことをお話ししなければなりません。いま私が持っているのは、いわゆる糸芯ロウソクと呼ばれるものです。これを作るには、まず木綿の糸を一定の長さに切り落とし、それらを一つの輪にしてから、溶かした獣脂に浸し、再び取り出して冷ましたあと、糸の周りにじゅうぶん獣脂が固まるまで繰り返し浸すのです。こうしたロウソクの様々な性質を理解するために、いま私が手にしているロウソクについてお話ししましょう。この極めて細いロウソクはとても珍しいもので、炭坑夫が使っている、いや昔使っていたものです。その昔、炭鉱夫は自分でロウソクを用意しなければならなかったのですが、細いものを使えば、太いロウソクに比べて坑内のガスに引火しづらいと考えられていました。ですので、そこには経済的な理由もあったのですが、炭鉱夫たちはこうしたロウソクを使ったのです。それらはやがてスチール・ミルに取って代わられ、次いでデイヴィーなど様々な安全燈が登場しました。今日私が持ってきたロウソクは、パスリー大佐によってロイヤル・ジョージ号から持ち出されたものだそうです。ロイヤル・ジョージ号は長いこと海底に沈み、海水の作用に晒されていたのですが、これを見るとロウソクがいつまでもよく保存されていることがわかります。ひびが入ったり何箇所も割れたりしてはいますが、火を点けると他のロウソクと同じように燃えます。そして獣脂は溶けるとすぐに、本来の状態を取り戻すのです。

71　この最後の者に　ジョン・ラスキン〔一八一九～一九〇〇〕

イギリスの作家、美術批評家。オックスフォード大学で学び、卒業後の一八四三年より最初の批評書『近代画家論』の発表を始める。その後当時を代表する批評家となり、一八六〇年に刊行された『この最後の者に』は、ガンジーにも影響を与えたとされる。

第一論文　栄誉の根源

現在に至る様々な時代に、多くの人類の心を捉えてきた錯覚のうち、おそらく最も奇妙な――そして間違いなく、最も信頼できない――ものは、近代の政治経済という自称の科学であり、それは社会的行動についての有利な規則が、社会的情愛の影響とは無関係に決定され得るという考えに基づいている。

もちろん、錬金術、占星術、魔術、およびその他の通俗的信条の実例に見られるように、政治経済はその根本に一見もっともらしい観念を有している。ある経済学者は次のように言っている。「社会的情愛は、人間の本性に内在する偶発的かつ攪乱《かくらん》的な要素だが、貪欲と進化への欲望は不変の要素である。不変ならざるものを取り除き、人間を単に貪欲な機械と考え、労働、購買、および販売のいかなる法則によって、最大の富の蓄積が得られるかを検証しよう。これらの法則がいったん定まれば、情愛という攪乱的な要素を自分の好きなだけ取り入れ、仮定された新たな条件でその結果を判定するのは、各自次第である」

後に導入される偶発的要素が、最初に検証された力と同じ性質のものであれば、これは完全に論理的でかつ好結果をもたらす分析方法と言えよう。運動する物体が、不変の力と不変でない力に影響されると仮定すれば、まず一定の条件下でそれを辿り、それから変化をもたらす原因を導入するのが、その進路を検証する最も簡単な方法である。しかし社会的問題における攪乱的要素は、不変的要素と同じ性質を持つものではない。それら攪乱的要素は加えられた瞬間、検証される対象の本質を変えてしまうのであり、その作用は数学的でなく化学的であって、我々のこれまでの知識を無用のものにしてしまう諸条件を導入することになるのである。我々は純粋な窒素について学問的実験を行ない、それが非常に扱いやすい気体であることを確信した。しかし見よ！　我々が実際に扱わなければならないのは窒素の塩化物であり、我々が確立した原理に従って触れた瞬間、それは我々を実験器具ごと天井の彼方へ吹き飛ばすだろう。

もっとも、その前提条件が満たされるならば、私は経済学の結論を非難もしなければ疑いもしない。ただ単に、人間が骨格を持たないと仮定した体操学に対してと同じように、それに興味を持たないだけである。人間が骨格を持たないと仮定すれば、学生を丸めて小さな球にし、それを平たくしてケーキにし、あるいは引き伸ばして針金にするのが好都合だろう。そしてこれらの結果がもたらされたあと、再び骨格をはめ込んだとしても、身体の構造に様々な不便を引き起こすだろう。推論は見事であり、結論も正しいかもしれないが、その科学は適用可能性の点でのみ欠陥を有しているのである。近代の政治経済もこれとまったく同じ基礎の上に成り立っている。それは、人間が骨格を持たないと仮定するのでなく、人間はすべて骨格であると仮定した上で、霊魂の否定の上に硬直した進歩の理論を築いているのである。そして、でき得る限り多くの骨を示し、頭蓋骨や上腕骨で興味深い幾何学模様を多数組み立て、これら微粒子構造の中に霊魂が再び現れることの不都合を見事に証明している。私はこの理論の真実性を否定するのでなく、この世界の現状に適用し得ることを否定しているだけである。

V

1868　江戸幕府が倒れ明治維新が成立
1870　普仏戦争が勃発。翌年、勝利を収めたプロイセンの主導でドイツ帝国が成立する
1894　日清戦争が勃発（～1895）。翌年、ロシア・ドイツ・フランスの三ヶ国が遼東半島を清に返還するよう日本に要求する（三国干渉）
1904　日露戦争が勃発（～1905）
1911　辛亥革命。翌年、清が滅亡し中華民国が成立する
1914　第一次世界大戦が勃発（～1918）

72 資本論　カール・マルクス〔一八一八〜八三〕

プロイセン王国出身の思想家、経済学者、革命家。一八四五年にプロイセン国籍を離脱、一九四八年に『共産党宣言』を執筆し、四九年にロンドンに亡命。以降は無国籍者として共産主義運動を行なう。主著『資本論』全三巻は一八六七年から九四年にかけて刊行された。

第一篇　商品と貨幣

第一章　商品

一、商品における二つの要素――使用価値と価値（価値の実体、価値の規模）

資本制生産様式が普及している社会の富は「商品の巨大な集合体」として、個々の商品はその構成要素として現われる。ゆえに我々の研究は商品の分析から始めるものとする。

まず商品とは、その属性によって人間の何らかの欲求を満たす、人間の外部にある対象である。ここで言う欲求の本質は、それが胃袋から生じたものであれ、あるいは想像の産物であれ、なんら変わるところはない。また、その商品がどのようにして人間の欲求を満たすか、すなわち生存手段つまり消費の対象として直接的に満たすのか、あるいは生産の手段として間接的に満たすのか、それもここでは重要ではない。

鉄や紙など有用な物はすべて、質と量という二つの観点から見ることが可能である。すべての有用な物は多くの属性から構成されているため、様々な形で役立ち得る。それらの多様な側面、つまり様々な使用法を発見することは、いずれも歴史の仕事である。またこれら有用な物に関し、どれだけの量を社会が必要とするかという社会的尺度を編み出すのも同様である。商品尺度が多様なのは、一部には計測されるべき対象が多様な性質を有していること、また一部には慣習が理由である。

ある物体の有用性はその使用価値を形作る。しかしこの有用性は空中にぶら下がっているわけではない。それは商品の物質的特性によって決まるのであり、その特性なしに存在することはできない。ゆえに使用価値もしくは財というのは、鉄、トウモロコシ、ダイヤモンドなどといった商品の物理的本体そのものなのである。商品におけるこの性質は、有用な性質を引き出すのに必要な労働量の大小とは関係ない。使用価値を考察するとき、我々は常に、一ダースの時計、一ヤードのリネン、一トンの鉄といった具合に、確たる量的規定があることを前提としている。商品の使用価値は知識の特殊な領域、つまり商品学の材料を提供する。使用価値が実現するのは使用され消費された場合のみである。社会的形態がどういったものであれ、使用価値は、富の社会的形態とは無関係に、富の素材的内容を構成している。またこれより検討する社会形態において、使用価値はまた、交換価値を素材的に構成している要素でもある。

交換価値はまず量的比率として、すなわちある種類の使用価値が別の種類の使用価値と交換される際の割合として現われる。この比率は時と場所によって絶えず変動している。したがって交換価値は偶発的かつ純粋に相対的な形をとり、結果として商品と不離の関係にある内在的価値などという表現は形容矛盾のように思われる。この点をより詳細に検討してみよう。

所与の商品、例えば一クォーターの小麦は、x単位の靴墨、y単位の絹、あるいはz単位の金と交換される。つまり、極めて多様な比率で他の商品と交換されるのである。ゆえに小麦は、一つではなく多数の交換価値を有している。しかしx単位の靴墨、y単位の絹、z単位の金は、いずれも一クォーターの小麦の交換価値を表わしているのだから、x単位の靴墨、y単位の絹、z単位の金などは、相互に置換可能な交換価値、あるいは相互に同じ大きさを有する交換価値でなくてはならない。そこからまず、同じ商品の社会的に妥当な交換価値は、同一の物を表現していること、第二に、交換価値は、それと区別可能な内容物の表現形態、すなわち「現象形態」に他ならない、ということが導き出せる。

73 イギリス憲政史　ウォルター・バジョット〔一八二六〜七七〕

イギリスのジャーナリスト、評論家。幅広い分野で評論活動を行ない、著書『イギリス憲政史』（一八六七）は政治学の古典とされる。また「エコノミスト」紙の編集長を十六年間にわたり務めた。

一、内閣

「すべての重要な問題について、論ずべきことがまだ多数残っている」と、ミル氏は述べている。この点に関し、イギリス憲法ほどよく当てはまるものはない。これまでイギリス憲法について書かれた文献は、莫大な数に上っている。しかし生きた現実に目を向ける者は、それが紙上の説明と正反対なことに驚くだろう。実際の生活には、本に記されていないことが数多く見られる。そしてまた、文献に書かれている多くの洗練された理論は、荒々しい現実には存在しないものである。

こうした現実に適合しない考えが、イギリス憲法の周りに雑草の如く生じたのは、当然なことであり、またおそらくはやむを得ないことでもあった。言語は国民の伝統である。各世代は己の見たものをそれぞれに記述するが、そうした時には過去から伝えられた言葉を用いる。イギリス憲法のような偉大なる実体は、外見上は同一性を保ちながら、内部では長期間にわたって変化を蔵していたのである。こうした場合、各世代は一連の不適当な言葉、すなわち、かつては真であったが、いまや真実性を失いつつある、あるいはすでに失ってしまった金言を受け継ぐことになる。言うならば、ある人の家族が、幼少期の正しい観察から引き出されたにもかかわらず、成人した段階では不適切になった言葉を、いつまでも口にしているようなものである。ゆえに、古い歴史を持つ憲法が十分に機能している場合、国民は、祖先の時代には真実であり、かつそれら祖先から教え込まれた言葉を、もはや真実ではなくなっているにもかかわらず、繰り返し用いるのである。もう一つ言わせてもらえるなら、絶えず変化する昔の憲法は、若い頃に流行した服を愛着とともに着続けている老人のようなものだ。その老人について、目に見えるところは同じだが、見えないところは完全に変わっているのである。

イギリス憲法については、大きな影響力を持つ二つの解釈が存在するが、それらはいずれも間違っている。まず第一に、イギリスの政治体制においては、立法・行政・司法の三権が完全に分立し、それぞれが異なる個人あるいは団体に委託され、三権のどれも他の権力の任務にまったく干渉できないことが、政治体制の原理として規定されているというのである。イギリス人の荒っぽい国民性が、とりわけそれが著しかった中世においてさえ、この巧緻な機能の分立を生み出し実現させたことを説明するにあたって、多数の雄弁が振るわれてきた。こうした機能の分立は、思想家が紙上で提唱したものであるが、彼らの誰も、それが紙上以外で実現されるとは、ほとんど考えていなかったのである。

第二に、イギリス憲法特有の優秀性は、均衡のとれた三権の結合にこそあると主張されている。すなわち、君主制的要素、貴族制的要素、民主制的要素がそれぞれ最高主権を有し、主権の発動にあたっては、これら三者すべての同意が必要だというのである。この説によると、国王、貴族、庶民の三者が、イギリス憲法の外形を構成するだけでなく、その内部で活動する本質、つまり憲法の生命力であると明言しているのだ。「牽制・均衡」論と呼ばれる優れた理論が政治文献の大半に浸透し、またその理論の大部分は、イギリス人の経験を集めて作り上げられたものであるか、あるいはそれに支えられたものである。君主制にはいくつかの欠点や悪しき傾向があり、貴族制と民主制についても同様だが、イギリスはこうした悪しき傾向を相互に厳しく牽制し、均衡を取り、相殺し合う統治機構を組み立て得ることを立証した、というのである。言い換えれば、この統治機構の中で、各構成要素の反発し合う欠点にもかかわらず、否、むしろそのために、素晴らしい統一体が作られることを立証した、というのだ。

74 論理学の素描　チャールズ・サンダース・パース〔一八三九〜一九一四〕

アメリカの哲学者、論理学者。ハーバード大学で学び、アメリカ湾岸測量局での勤務を経てジョンズ・ホプキンス大学の論理学講師となるが、個人の研究に専念すべく一八九四年に退職する。その膨大な研究は、死後になって八巻本（一九三一〜五八）として出版された。プラグマティズムの先駆者として知られる。

一、信念の固定

論理学を熱心に研究する者は少ない。というのも、みな誰しも、推論の技術に十分熟達していると考えているからだ。しかし、こうした自己満足は自分の推論にしか当てはまらず、他人の推論に及ぶものではない。

我々の推理能力は天与のものでなく、習得するのに長い年月がかかる難しい技術であって、我々の諸能力の中で一番最後に得られるものである。その実践の歴史は一冊の本になるくらい壮大なテーマだ。中世のスコラ派哲学者は論理学を非常に易しいものと考え、ローマ人の例に倣い、児童の学習課程において文法の次にこれを入れた。彼らが考えたとおり、論理学は確かに習得の容易な初歩的なものである。彼らスコラ派哲学者によれば、その根本原理は、すべての知識は権威か理性のいずれかに基づく、という点にある。しかし、理性によって推論される一切のものは、最終的に、権威を由来とする何らかの前提に依拠している。従って、児童が三段論法の手続きを完全に習得すれば、知能の道具一式が揃ったものとみなされたのである。

ロジャー・ベーコンは十三世紀半ばの時点で、すでに科学的思考をほぼ身につけていた非凡なる人物だが、彼にとって推論に関するスコラ派哲学者の考えは、真理の前に横たわる障壁に過ぎなかった。経験のみが一切の物事を教えると彼は考えたが、これは我々にも容易に理解できる主張である。なぜなら、経験という明確な概念は、以前の世代から我々へと伝えられてきたものだからである。それはベーコンにとっても、まったく明白な概念だった。というのは、その概念に含まれる困難がいまだ明らかでなかったからに他ならない。あらゆる種類の経験の中で最高のものは、内的な啓示であるとベーコンは考えた。それは造物主に関して多くの物事を教え、しかるにその造物主は、パンの実体変化のように、外的感覚では決して把握できないものである。

それから四世紀後、ロジャー・ベーコンよりも有名なベーコン、すなわちフランシス・ベーコンは自著『ノヴム・オルガノン』の第一巻で、経験についてはっきりした説明を行なっている。彼はその中で、経験は検証と再検討の対象でなくてはならないと述べた。しかし、このフランシス・ベーコンの概念は、以前のものに比べて優れてはいるが、彼の大言壮語に惑わされることのない現代の読者は、科学的方法に関する彼の見解が不十分なことにまず驚くはずだ。彼によれば、何らかの雑な実験を行ない、何枚かの白紙に実験結果の要点をざっと書き上げ、それから規則に従って反証されたものをチェックし、その代わりのものを記入すればよい。すると数年後、自然科学が完成するというわけだ。なんという考えだろう！「ベーコンは大法官の如く科学を記述した」まさにその通りである。

コペルニクス、ティコ・ブラーエ、ケプラー、ガリレオ、そしてギルバートといった初期の科学者たちは、現代の科学者に近い方法を用いた。ケプラーは火星の位置の軌跡を描いたが、彼が科学になした最大の貢献は、天文学の進歩を志すならば、ある周転円の体系が他の周転円の体系に比べて優れているかどうかを検証するだけで満足すべきでなく、計算に専念し、実際の軌跡がどんな曲線を描くか突き止めなければならないと、人々の心に刻みつけた点にある。彼は比類なき精力と勇気でもってこれにとりかかり、私たちにとってまったく不可解な失敗を繰り返し、非合理的な仮説を次から次へと立て、こうして二十二もの仮説を試した後、ただ独創の才を尽くすことによって、たまたまあの楕円軌道を発見したのである。しかし現代論理学という武器を身につけた人物なら、ほとんど即座に、この楕円軌道を試していたことだろう。

75 神と国家 ミハイル・バクーニン〔一八一四～七六〕

ロシアのアナーキスト。一八四八年から四九年にかけてドイツの革命運動に身を投じ、死刑を宣告される。結局一八五五年にシベリアへ流刑となるも、六一年に脱走して日本へ逃れ、最終的にイギリスへ移る。第一インターナショナルではアナーキストのリーダーとしてマルクスと対立、結果的に敗れ一八七二年に除名された。

一

観念論者と唯物論者、いずれが正しいのだろうか？　ひとたび問題がこのように提示されるならば、もはや迷いなどあり得ない。疑いもなく、観念論者は間違っており、唯物論者は正しい。さよう、事実は観念に先行する。さよう、プルードンが述べたように、観念とは物質的生存条件に根を下ろした花に過ぎない。さよう、知性史や道徳史、政治史や社会史を含む人類の歴史全体は、経済史の反映に他ならないのである。

客観的なる真の科学、すなわち近代科学の全分野は、次の壮大なる真理、根本的かつ決定的な真理を、高らかに宣言する点で一致している。すなわち、社会的世界、正しく言えば人間世界――つまるところ人間性――というものは、少なくともこの地球において、そして我々が知る限り、最後にして至高の発達であり、動物性の最も崇高なる現われに他ならないのである。

しかし、あらゆる発達が必然的に否定を、すなわちその基盤や出発点の否定を暗示しているように、人間性はそれと同時に、かつ本質的に、人間に内在する動物的要素の、慎重かつ漸進的な否定なのである。そして、自然的であるのと同時に合理的な、しかも自然的であるからこそ合理的なこの否定、また歴史的かつ論理的であるのと同時に、この世界における自然法則の発展・実現と同じく不可避的なこの否定こそ、理性を、そして知的・道徳的確信の世界であるところの理念を構成し、築き上げたのである。

さよう、我々の最初の祖先であるアダムとイブは、たとえゴリラでなかったにせよ、ゴリラのごく近い近親者であり、利口で残忍な雑食動物だったが、二つの貴重な能力を、他のどの動物よりも高度な状態で授けられていた。その能力とはすなわち、考える力と反逆の意思である。これら二つの能力は、歴史における進歩的行動と結びついて、人間の動物性が積極的に発達する際の本質的要素、その否定的な力を象徴し、結果として人間における人間性を構成する一切のものを形作ったのである。

聖書というものは、人間の知恵と空想とを宣明する最古のものの一つとして考えるならば、非常に興味深く、かつ随所に極めて深遠なところのある書物だが、かの原罪の神話を通じてこの真理を非常に素朴な形で表現している。エホヴァは、人間に崇拝されたあらゆる全能の神の中で最も嫉妬深く、虚栄心に満ち、残忍かつ不正でしかも血に飢え、そのうえ暴虐であり、人間の尊厳と自由に最も敵意を燃やしていた神であることは間違いない。そのエホヴァがアダムとイヴを作ったのはどういう気まぐれによるものなのか、我々には知る由もないが、永遠に続く利己主義の孤独の中、有り余る時間を潰すためだったのは間違いない。あるいは、新しい奴隷を欲したのかもしれない。エホヴァは寛大にも、その果実や生物とともに、この地球全体を二人の気の向くままに享受させた。さらには、その完全無欠なる享受に一つしか制限を設けなかった。つまり、知恵の木の実だけには触れてはならぬと、はっきり申し渡したことである。そうすることで、人間が一切の自意識を持たぬまま、いつまでも野獣のままにとどまり、創造主にして主人でもある永遠の神の前に、いつまでも四つん這いでいることを欲したのだ。しかしそこに、かの永遠なる反逆者にして最初の自由思想家であり、世界の解放者であるサタンが現われ、人間に対し、獣のように無知であることと、従順であることを恥と思わせた。かくしてサタンは、服従を捨てさせ知恵の木の実を食べさせることによって、人間を解放し、その額に自由と人間性の印を刻んだのである。

76 ツァラトゥストラはかく語りき

フリードリヒ・ニーチェ〔一八四四～一九〇〇〕

ドイツの哲学者。一八八三年から八五年にかけて出版された主著『ツァラトゥストラはかく語りき』で超人の思想を展開する。ナチスに気に入られる一方で、実存主義やポスト構造主義にも多大な影響を与えた。

ツァラトゥストラのプロローグ

一

ツァラトゥストラは歳三十にして故郷と故郷の湖を去り、山に入った。ここで彼は自らの精神と孤独を楽しみ、十年のあいだ倦むことを知らなかった。しかしついに、彼の心は一変する。——ある朝、彼は日の出とともに起き上がり、太陽の前に進み出て、かく語りかけた。

「偉大なる天体よ！　もし汝に照らすものなかりせば、汝の幸福はいかなるものぞ？

汝、十年のあいだ、我が洞窟へと昇りきたり。もし我なかりせば、我が鷲と蛇なかりせば、汝おのれの光に飽き、おのれの旅に倦んだであろう。

しかし我らは朝の来るたび汝を待った。そして汝のおこぼれを我が身に受け、これに感謝し汝を祝福した。

見よ！　我は我が智恵に倦んだ。蜜を集めすぎた蜜蜂の如くに。いま我は、それを掬わんと差し伸べる手を必要とす。

我は贈り与え、わかち合わんと願う。人間の中の賢き者が再びその痴愚を喜び、貧しき者がその富に喜ぶまで。

これがため、我は奈落の底へ降りねばならぬ。汝が、下界に光をもたらさんと、海の彼方へ沈みゆく夕暮れどきの如くに。おお、あまりに豊かなる天体よ！

汝の如く、我また降りねばならぬ――我がそのもとへ降りんと欲す人々、これを奈落と呼ぶ。

静かなる眼よ、過ぎたる幸福を妬みもせず見守る眼よ、我を祝福せよ！

溢れんとするこの盃を祝福せよ。水がその中より黄金色に流れ出で、世界にあまねく汝の悦楽を映し出す、この盃を祝福せよ！

見よ！　この盃は再び空にならんことを欲す。そしてツァラトゥストラは再び人間にならんと欲す」

こうしてツァラトゥストラの転落は始まった。

二

ツァラトゥストラは独り山を降り、出会う者これ一人とてなかった。しかしそのとき、森の中に芝を求めんと聖なる伏屋を出でし老人、忽然と彼の前に現れ出で、ツァラトゥストラにこう語った。

「この放浪者、まったく見知らぬ者にあらず。彼は幾年も前にここを通り過ぎた。その名をツァラトゥストラ。しかし彼は変わって別人となった。

そのとき、汝は自らの灰を山に運んだ。しからば今日は、汝の火を谷に運ばんとするか？　放火の罪を恐れざるか？

さよう、我ツァラトゥストラに見覚えあり。彼の眼は澄み、口の周りも嫌悪を催さざるなり。さらば、彼は踊り手の如く行くのではないか？

ツァラトゥストラのなんと変わりしことよ！　ツァラトゥストラは子供となり、目覚めし者となった。さらば眠りし者にいったい何を求めんと言うか？

汝は海底に住むが如く孤独の中に暮らし、そしていま海に飽きた。さらば陸に上がらんと欲すか？　再び汝の身体を自ら曳かんと欲すか？」

ツァラトゥストラはこう答えた。

「我は人間を愛す」

77 時間と自由 アンリ・ベルクソン〔一八五九〜一九四一〕

フランスの哲学者。コレージュ・ド・フランス教授を務めながら、極めて独創的な思想家でもあった。主著『意識の直接所与についての試論』（英訳・『時間と自由』）は一八八九年に発表され、一九二七年にノーベル文学賞を受賞した。

第一章　精神状態の強さについて

意識の諸状態、すなわち感覚、感情、情熱、そして努力は増減し得るものと、一般には認められている。一つの感覚について、同種の別の感覚に比べて二倍、三倍、四倍強いと言うことができる、と断言する人さえいる。後者の主張は精神物理学者によってなされているものであり、後に検討を加えることとする。しかし、一つの感覚が別の感覚より強い、一つの努力が別の努力より大きいと述べ、純粋な内部の諸状態の間に分量の差をつけたところで、精神物理学の反対者たちにとってさえ、不都合な点はまったくない。さらに常識が、この点について何のためらいもなく判決を下すのであって、人は、大変暑いとか少し暑いとか言い、大変悲しいとか少し悲しいとか言っている。そしてこうした多い少ないの区別を、主観的事実や拡張されていない対象の領域に押し広げたとしても、誰も驚く者はいない。しかし、そこにはごく曖昧な点が存在し、通常考えられているよりもはるかに重要な問題を孕んでいる。

ある数が別の数より大きい、ある物体が別の物体より大きいなどと述べるとき、我々はそれが意味することをよくわかっている。いずれの場合においても、もう少し後で詳しく示すように、等しくない二つの空間に触れているのであり、もう一つの空間を含むものをより大きな空間と呼ぶからである。しかしながら、一つのより強い感覚が、別のより弱い感覚をどうして含み得るだろうか？　第一のものが第二のものを含んでいて、より強い感覚に達するのは、同種の感覚のより弱い段階を経ているという条件においてのみであり、ここにもある意味で含むものと含まれるものという関係があると言うのだろうか？　強さの大小というこの考えは常識の考えにも思えるが、悪循環に陥ることなく哲学的説明として打ち立てることは不可能である。数と言うのも、数の自然的順序において、後の数が前の数より大きいのは自明の理であるが、数を小さいものから大きなものへと並べることができたのは、互いの間に含むものと含まれるものという関係があったからであり、一つの数が別の数より大きいというのはどういうことかを、正確に説明できると感じているからである。従って問題は、互いに重ねることのできない強さについて、この種の順序を組み立てるにはどうすればよいか、この順序に含まれる各項が、例えば減少しないで増加することを、どのような兆候によって認識するのか、である。しかしこのことは常に、強さはなぜ大きさと同一視できるかという問いに帰着する。

二種の量、すなわち外延的かつ測定可能な第一の量と、強度的で測定を許さないが、別のものより強いあるいは弱いと言うことのできる第二の量とを、普段行なわれているように区別するのは、ただ困難を回避するためである。と言うのも、それによって、これら二つの形をとる大きさに何らかの共通点のあることが認識されるからである。いずれの形の大きさも共に大きさと呼ばれ、等しく増減可能と言明されている。

しかし大きさの見地から見た場合、外延的なものと強度的なもの、拡張されたものと拡張されていないものとの間にいかなる共通点があるだろうか？　第一の場合において、もう一つのものを含むものをより大きな量と称するならば、含むものと含まれるものがもはや存在しないときであっても、量や大きさについて語り続けるのはなぜだろうか？　ある分量が増減し得るならば、そしてその中において、より多いものの中により少ないものが存在するのを知覚するならば、まさにそのことによってこうした分量は分割可能であり、それゆえ拡張されたものではないのか？　そうであるなら、外延的でない分量を語るなど矛盾ではないのか？　しかし純粋なる強さを、あたかも拡張されたもののように、大きさとして組み立てる点において、常識は哲学者たちと一致している。単に同じ語を用いているだけでなく、より大きな強さを考えようとより大きな拡がりを考えようと、我々は同様の印象を受ける。両者の場合において、「より多い」および「より少ない」という語はいずれも、同じ観念を喚起している。

78 経済学原理 アルフレッド・マーシャル〔一八四二〜一九二四〕

イギリスの経済学者。新古典派経済学の代表的研究者であり、ケンブリッジ学派と呼ばれる学派を形成した。一八九〇年に刊行された主著『経済学原理』はイギリスで最も広く使われた経済学の教科書となり、またケインズやピグーなどの経済学者を育てた。

第一巻　予備的考察

第一章　序論

政治経済すなわち経済学とは、日常における普通の仕事の中で人間を研究する学問であり、幸福となるために必要な物資の獲得、およびその使用と密接に関係する、個人および社会の行動を考察している。

ゆえに経済学は、一方では富の研究であり、他方では人間研究の一部であるが、後者のほうがより重要である。人間の性格は日常の仕事によって、そしてそれによって獲得される物質的資源によって形作られ、それらによる影響は、宗教上の理想によるものを除けば他の何にも増して大きいからである。世界史を形作った二つの大きな要因も宗教と経済ではないか。軍事的あるいは芸術的な精神が一時的に優勢を占めたこともあるが、宗教的および経済的な影響力が最高位から引きずり降ろされることは、一時たりともなかった。さらに両者は、ほぼ常に、他のあらゆるものを合わせた以上に重要だった。宗教的動機は経済的動機よりも強烈だが、それによる直接的行動が人生の大半を占めることは滅多にない。一方、個人が生活の糧を得る手段であるところの仕事はふつう、彼の精神がもっともよく働く時間の大半において彼の思考を満たし、その間、仕事の中で自らの能力を用いる過程、それが指し示す思考および感情、そして仕事における仲間との関係、すなわち雇用主もしくは従業員との関係によって、彼の性格が形作られている。

また、個人の性格を形作るにあたり、収入の額による影響力と、それをどのように稼いだかによる影響力との間に、たとえ小さくとも、差がほとんどない例も非常にしばしば見られる。一つの家庭が満足な生活を送るにあたっては、年収が千ポンドだろうと五千ポンドだろうとほとんど違いはないが、三十ポンドと百五十ポンドでは非常に大きな違いとなる。なぜなら、百五十ポンドの収入がある家庭は十分な生活を送る物質的条件を満たせるが、収入が三十ポンドの家庭はそれを満たせないからである。宗教においては、たとえ貧しき人々であっても、家族の愛情や友情を通じ、最高の幸福をもたらすこれらの力を自らのものにできるかもしれないが、極めて貧しい人々、とりわけ非常に密集した場所に住む人々を取り巻く状況は、より優れた能力を弱めてしまう傾向にある。大都市の最下層と呼ばれる人々は、友情に恵まれる機会がほとんどなく、礼儀作法や閑静といったことについて何も知らず、家族の結束についてさえもほとんど知らない。さらに、宗教の手が彼らに届かないこともしばしばある。彼らを肉体的、精神的、倫理的な衰弱状態に追い込んだ理由が、貧困以外にも存在するのは間違いないが、とは言っても、それこそが主たる原因なのである。

また、最下層の人々に加え、食糧や衣服、住居が不十分な状態で育てられている人々が、街にも田舎にも数多く存在する。彼らの教育は、賃金を得るべく働きに出なければならないため、早くに打ち切られてしまう。そして栄養が十分与えられていない肉体で、つらい重労働に長時間携わることとなり、結果として精神的な能力を高める機会が与えられない。彼らの人生は必ずしも、不健康ないし不幸なものではない。神と人間への愛情に喜びを感じ、天性の感情的豊かささえも持ち合わせているであろう彼らは、物質的富をより多く持つ多くの人々以上に完全な人生を過ごしているかもしれない。にもかかわらず、彼らの貧困は彼らにとって、大きな、紛うかたなき悪なのである。健康な状態であっても、疲労はやがて苦痛となり、その一方で楽しみはほとんど存在しない。病気になると、貧困によって引き起こされる苦難は何倍にもなる。さらに、安らかな精神は彼らをしてこれらの悪を受け入れさせる方向に働くが、悪を受け入れさせない精神も存在する。過重な労働とわずかな教育、疲労と不安、静謐と愉楽の欠如に苛まされる彼らには、精神的能力を最大限活用する機会が存在しないのだ。

79 ユートピアだより　ウィリアム・モリス〔一八三四〜九六〕

イギリスの詩人、政治活動家。聖職者を志してオックスフォード大学で学ぶが、後に芸術家を志望する。その後は多方面で活躍、「モダンデザインの父」と呼ばれる。また文学の世界でも名声を得、代表作として叙事詩『ジグルド王』（一八七六）がある。その後一八八三年に社会民主同盟に加わり、次いで社会主義者同盟を組織した。著書『ユートピアだより』はその時期（一八九〇年）に刊行されたものである。

第一章　討論とベッド

ある友人が言う。ある晩の社会主義者同盟でのこと、革命の暁には何が起こるかということで座談にも似た議論が盛り上がり、十分に発達した新しい社会の未来について、様々な仲間が各自の意見を力強く宣言するというところまで行き着いてしまったらしい。

その友人は続ける。こうしたテーマの割に、議論は穏やかに進められた。と言うのも、その場にいた人たちは公開集会や講義の後の討論に慣れていたので、たとえ互いの意見を聞かなくとも（そういうことはこの人たちには望めなかった）、興味あるテーマについて会話するとき、普通の洗練された社交界の人々が守っているように、全員一斉に話すということはしなかったのである。それはさておき、議論に加わっていたのは六名、その一人一人が党の六つの派閥を代表しており、そのうち四つは強硬な、しかしそれぞれ異なるアナーキスト的見解の持ち主だった。友人によると、これら派閥の一人、それは彼もよく知っている人物だが、議論の初めはほとんど黙りこくったまま座っていたものの、しまいには議論に引き込まれ、大声をあげて怒鳴りだし、その場の全員を馬鹿だと罵ったそうだ。するとその場は一時騒然となったが、やがて静まった。その間、この派閥の人物は、ごくにこやかにお休みの挨拶を言うと、西の郊外にある自宅へ一人で帰ってしまった。文明が我々に強いているあの交通機関を使ってだ。せかせかして不満げな人々の蒸し風呂、つまり地下鉄の車両に座っていると、彼もまた他の人たちのように、不機嫌にくさくさするようになった。それと同時に、後悔の念が湧き起こり、決定的かつ見事な主張の数々を思い起こした。自らの掌中にあるかの如く精通していながら、さっきの議論のときには忘れてしまっていた主張の数々を。しかしこうした気分はいつものことなので、さほど長続きはしなかった。そして度を失った自分に嫌気がさしてほんの束の間不快になった（それだっていつものことだ）ものの、自分でも知らぬ間にあの議論のテーマに思いを巡らせていたのである。それでもなお、不機嫌でもありみじめでもあったが。「もし自分が革命の日を見られさえすれば」と、彼は心の中でつぶやいた。「それをこの目で見られさえすれば！」

彼がこの言葉をはっきり口に出したとき、列車は彼がいつも乗り降りする駅に停車した。そこから歩くこと五分、彼の自宅はテムズ川の川岸、醜い吊り橋の少し上流にあった。彼はいまだ不機嫌でくさくさしたまま、こうつぶやきながら駅を出た。「それをこの目で見られさえすれば！　それを見られさえすれば！」しかし川のほうへさほど歩を進めないうちに（と、この話をしてくれた友人は言う）、すべての不満と問題が彼のもとから滑り落ちたように思われた。
初冬の美しい夜のこと、空気は引き締まり、熱気に満ちた部屋と臭い列車のあとで気分をすっきりさせるのに十分だった。先ほど西から一、二度北に転じた風は雲をすべて吹き払い、大空を素早く通り過ぎるかけらのような雲が一、二片残るのみである。新月は空の中ほどにあり、高い楡の老木の梢にかかるその月を家路につきながら見ていると、いまいるみすぼらしいロンドン郊外のことなど、ほとんど頭に浮かんでこなかった。むしろ、楽しい田舎——自分が知っている奥深い田舎よりもずっと楽しい田舎——にいるかのように感じられた。

80

自殺論　エミール・デュルケーム（一八五八〜一九一七）

フランスの社会学者。社会学の創始者の一人とされる。パリ大学で学び、その後ボルドーとソルボンヌの両大学で教鞭をとる。著書として一八九七年に刊行された『自殺論』のほか、『社会学的方法の基準』（一八九四）がある。

自殺という単語は絶えず会話の中に登場するので、その意味はあまねく知られ、ことさら定義するまでもないと思われるかもしれない。しかし日常語というものは、それが表現する概念と同じように、常に一つ以上の意味を帯びているのが実際だ。学者が日常語を慣用通りに使い、改めて定義することをしなければ、重大な誤解を招く恐れがあるだろう。その意味が曖昧なため、議論の必要次第でその時々に応じて内容が変わってしまうだけではない。議論の必要に応じてなされる分類は、分析によるものではなく、大衆の乱雑な印象を伝えているに過ぎないので、まったく違う範疇に属する事実が無差別に同じ名称を付せられたり、同様の事実が異なる呼び方をされたりするのである。ゆえに、あくまで慣用に従うのならば、一括されるべきものを区別してしまったり、区別されるべきものを一括してしまったりして、物事のありのままの関係を誤解し、それによってその本質を見誤ってしまう恐れがある。比較することによって初めて説明が可能になる。科学的研究というものは、比較可能な事実を扱うとき初めて可能になり、有効に比較できるすべての事実を確実に連繫すればするほど、成功の見通しは高くなる。しかし物事の本質的な関係は、通常の用語法から生み出されるうわべだけの検証によっては、決して確実に捉えることができない。従って学者は、日常語に対応する、単に寄せ集めただけの事実群を研究対象とすることはできないのである。学者は、研究しようと望む事実群に同質性を与え、科学的な取り扱いに必要な限定的意味を付与するため、自らそうした事実群を構成しなければならない。ゆえに、花や果実について語る植物学者、魚や昆虫について語る動物学者は、これら様々な用語を、あらかじめ定められた意味に限定して用いているのだ。

よって我々の最初の仕事は、自殺という名称のもと研究される事実群を規定することでなければならない。そのため、諸々の死のうち、最も慎重な観察者にも認識され得る客観的な性質、他と類別できるほど特殊な性質、また同じ単語を用いても慣用から外れることがないほど、一般に自殺と呼ばれている現象に十分近いという性質を、共通して備えたものがあるかどうかを確かめる必要がある。もしそのような死が存在するならば、これらの明らかな性質を示す一切の事象を、例外なく自殺という名称のもとに一括する。このようにして形作られる範疇に、ふだん自殺と呼ばれている事例が一つでも漏れていないかどうか、ふつう別の名で呼ばれている事例が紛れてしまっているかどうかは、そこでは問わない。重要なのは、平均的知性の持ち主が自殺と呼びならわしている事柄を正確に表現することではなく、自殺と呼んでも差し支えない、客観的に根拠のある対象の範疇、すなわち事実の明確なる側面に一致している対象の範疇を確立することなのだ。

様々な種類の死の中には、それが死者自身による行為であり、自身がそれを為した結果、同時に受難者になるという、特殊な性質を有するものがある。他方、それと同じ性質が、ふつう知られている自殺の観念の根底にあることは確かである。その死を引き起こす行為に内在する性質は、ここでは重要でない。自殺は普通、筋肉の動作を必要とする積極的かつ暴力的な行為と考えられているが、純粋に消極的な態度や、単なる行動忌避によって同じ結果がもたらされることもあるだろう。短剣や火器による自傷行為と同じく、絶食によっても自殺は可能である。死が当事者による行為の結果とみなされるためには、必ずしもその行為が死に直接先行するものである必要はない。因果関係は間接的で差し支えなく、それでその現象の本質が変わるわけではない。殉教者の栄誉を得るべく、死罪と知りながら反逆罪を犯し、処刑人の手によって殺される偶像破壊者も、自らの手で死の一撃を振るったのとなんら変わりなく、自らの死を成し遂げたのである。少なくとも、これら二種類の自発的な死を、異なる範疇に分類すべき理由はない。それを実行する手段の些細な違いしかないからである。そこで我々は、最初の定義に至る。受難者自身によってなされた積極的あるいは消極的行為の、直接的または間接的な結果であるところの一切の死を、自殺と名付ける。

81

シートン動物記

アーネスト・トンプソン・シートン〔一八六〇〜一九四六〕

イギリス出身の博物学者、作家、挿絵画家。『シートン動物記』（一八九八）で知られるとともに、アメリカ・ボーイスカウトの創設者としてボーイスカウト運動にも大きな影響を与えた。

ロボ、カランポーの王

カランポーはニューメキシコ北部の広大な放牧地である。豊かな牧草地のそこかしこで牛や羊が群れをなし、メーサが緩やかな起伏を形作るとともに、いくつかの貴重な清流がはるか下流でカランポー川に注いでいる。この放牧地の名前はそれにちなんで名付けられ、一頭の灰色の狼がこの広野全体を独裁者のように支配していた。

メキシコ人が「ロボじいさん《オールド・ロボ》」とか「王《キング》」とか呼んでいたその巨大な狼は、ひときわ優れた灰色の狼たちを率い、何年も前からカランポー谷を荒らしていた。羊飼いも牧童もロボのことを知っていて、忠実な家来を引き連れて姿を見せるたび、羊や牛たちは恐怖に怯え、飼い主は怒りと絶望に襲われた。ロボは並外れて身体が大きく、悪知恵が働くうえ、体格にふさわしい力の持ち主だった。夜にあげる吠え声はみんなよく知っていて、仲間のものと聞き分けるのは簡単だった。牛飼いの野営地近くで、普通の狼が夜更けにいくら吠え立てても、誰も特に気にしない。ところが低く唸るようなロボの咆哮は、大砲の轟きのごとく耳に飛び込み、牛飼いの眠りをたちまちのうちに破り、夜明けごろ、家畜の群れが狼に襲われ全滅した光景を想像させるのだ。

ロボの群れは小さなものだった。私にはそれが理解できなかった。狼は普通、一匹がリーダーの座につき、ロボのような力を握ると、多数がそれに従うものだからだ。ロボがそれだけしか望まなかったのかもしれないし、どう猛な気性のせいで他の狼が寄りつかなかったのかもしれない。リーダーになってから死ぬまでのあいだ、ロボに従うのがたった五頭だったのは間違いない。しかしそのどれもが名の知られた狼であり、ほとんどは平均以上の体格で、中でもロボに次ぐ狼の体格は際立って大きかった。それでもなお、体格と勇猛さの点で、ロボには遠く及ばなかった。これら二匹のリーダー以外にも、群れの何匹かは特に有名だった。そのうち一匹は目を見張るほど美しい白い狼で、メキシコ人はブランカと呼んでいた。その狼は雌だったらしく、ロボの伴侶だろうと言われていた。もう一匹は黄色い狼で、驚くほど足が速く、伝えられるところによると、仲間のために何度かアンテロープを捕らえたという。

こうした話からも、これらの狼たちがカウボーイや牛飼いの間でよく知られていたことがわかるだろう。彼らは頻繁に姿を見せたし、それ以上にたびたび吠え声を轟かせていた。その生活は、彼らをなんとかしようと必死の、牛飼いのそれと密接に結びついていた。カランポーに住む牧場主であれば、ロボの群れのうちどの一頭でもいいから頭がい骨を持ってくれば、雄の仔牛何頭分もの金を支払っただろう。ところが、彼らの命ときたら魔法に守られているかのようで、どんな罠を仕掛けても無駄だった。狼たちは狩人を馬鹿にし、毒をあざ笑った。少なくとも五年間にわたって、カランポーの農場主たちから一日につき一頭の割合で獲物を奪い取ったと、多くの人間は言っている。この推計によると、ロボ率いる群れは最高級の家畜を二千頭も殺したことになる。彼らがいつも一番いい獲物を選んでいたことは、みんなよく知っていた。

82 有閑階級の理論 ソースティン・ヴェブレン〔一八五七〜一九二九〕

アメリカの社会学者、経済学者。シカゴ大学、スタンフォード大学などで経済学を教える。一八九九年に発表された『有閑階級の理論』は大きな反響を引き起こし、アメリカでは富豪による奢侈があからさまにできなくなった。その他の著書として『営利企業の理論』(一九〇四)などがあり、制度派経済学の創始者とされる。

第一章 序説

有閑階級という制度が最高度の発達段階にあるのは、例えば封建時代のヨーロッパや日本といったような、野蛮的文化が高度化している段階においてである。このような共同体においては、階級間の差異が極めて明確に現われているが、これら階級的区別の中で経済的に最も重要な意味を持つのは、各階級固有の職業間で保たれている区別である。上流諸階級は慣習によって産業的な職業を免除され、あるいはそこから排除されており、一定の名誉を伴うある種の職業が用意されている。いかなる封建的共同体においても、名誉とされる職業の筆頭は武人であり、その次には普通聖職が位置する。特に好戦的でない野蛮人の共同体では、聖職が武人の上位に位置することもあり得る。しかし、武人であれ聖職者であれ、上流階級が産業的な職業を免除されるという法則はほぼ例外なく守られているのであって、この免除という事実は、彼らが卓越した地位にいることの経済的表現なのである。インドのバラモンは、これら二つの階級が産業的職業を免除されていることをはっきり示す好例である。より高度な野蛮的文化に属する共同体では、包括的に有閑階級と呼び得る階級の内部でかなりの細分化が行なわれており、こうした下位諸階級の間には、それぞれに対応する職業上の区別が存在する。全体としての有閑階級は貴族階級と聖職者階級から成立し、従者の大半もそこに含まれる。これと同じく、この階級の職業も多様なものであるが、そのいずれも非産業的であるという、共通の経済的特徴を帯びている。これら非産業的な上流諸階級の仕事は、大雑把に言うと、統治、戦争、宗教的儀式、およびスポーツのもとに包含されている。

最初期にまで遡ることはないものの、野蛮時代の初期段階において、有閑階級はそれほど明確な形をとって現われてはいない。階級の区別や、有閑階級における職業の差異は、さほど細かなものでも複雑なものでもない。ポリネシアの住民は一般的に、この発展段階をよく示している。ただ一つの例外は、大型の獲物がいないため、狩猟というものに普通与えられる名誉が、彼らの生活様式の中では見られないという点にある。サーガの時代におけるアイスランドの共同体もまた、一つの好例を提供している。こうした共同体では、諸階級の間に、また各階級固有の職業の間に、確固たる差異が存在している。肉体労働であれ勤労であれ、日々の糧を得るという日常的な仕事に直接関わることはすべて、下層階級に限定された時の過ごし方なのである。この下層階級には奴隷や各種の召使が含まれており、ほとんどの場合すべての女性も含まれる。また貴族階級の内部にいくつかの等級があるならば、高い地位にある女性は、産業的な職業、少なくとも粗野な肉体労働を免除される。上流階級の男性は、一切の産業的職業を免除されるだけでなく、絶対的な慣習によって、それに携わることを禁じられている。彼らに許された職業の範囲は厳密に定められており、先に述べた野蛮文化のより高度な段階におけるように、統治、戦争、宗教的儀式、およびスポーツがそれにあたる。これら四系統の活動が上流階級の生活様式を支配しており、最高の階級――王や部族長――にとって、共同体の慣習や常識が許容する活動は、こうした種類のものだけである。事実、生活様式がよく発達しているところでは、スポーツでさえ、最高階級の成員にとって正当なものであるか疑問視されている。有閑階級のより低い等級の者に対しては他の一定の職業が許されているものの、それらはいずれも、典型的な有閑階級のなんらかの仕事を補完するものである。つまり、武器や装具、戦争用カヌーの製造・維持、馬、犬、鷹の手入れや調教、宗教用品の準備がその例である。下層階級の人間は、こうした名誉ある二次的職業から排除されているが、明らかに産業的な性質を有し、典型的な有閑階級の仕事と希薄にしか関係しない職業は別である。

83 夢の解釈 ジークムント・フロイト〔一八五六〜一九三九〕

オーストリアの精神医学者、精神科医。ウィーン大学で医学を学び、卒業後はウィーン病院に勤める。フロイトの精神分析は「無意識の哲学」として、ヨーロッパ大陸の現代思想に大きな影響を与えた。『夢の解釈』は一九〇〇年に刊行。

第一章

私は以下の各頁を通じ、夢の解釈を可能にする心理学的技法の存在を証明するとともに、この手法を適用すると、すべての夢は意味を持つ心理的構造体であることが判明し、それは覚醒状態における精神的活動の中で、指定可能な特定の箇所に組み入れられることを立証する。そこからさらに、夢の奇妙さと曖昧さを生み出す過程を説明し、共働しながら、あるいは反発しながら夢を生じさせる諸々の精神的な力を、この過程を通じて明らかにしたい。それが成し遂げられれば、私の検証はそこで終了する。なぜなら、その時点における私の検証は、夢の問題がより広範囲な諸問題に直面する段階に達しているからであり、その解答を導くには、他の題材を通じて検証しなければならないためである。

ここで私は、以前の研究者の業績とともに、夢の問題が科学において現在どのような状態にあるか、読者が知っていることを前提にしなければならない。と言うのも、本論を進める中で、随時それらに言及する機会はさほどないからである。数千年にわたる努力にもかかわらず、夢を科学的に理解することに関して、進歩はほとんど見られなかった。この事実は研究者によって広く知られているため、個々の意見を引用する必要はないだろう。巻末の表を参照すれば、刺激に満ちた数多くの見解や、興味深い資料が数多く見つかるはずである。しかし夢の本質を論じたもの、その謎を一つでも決定的に解明したものとなると、まったく存在しないか、無きに等しい。さらに、教養ある一般人も知っていることとなると、さらに少ないのである。

心理学の対象として夢を最初に扱った書物は、アリストテレスによるものらしい（『夢およびその解釈について』）。アリストテレスの主張によると、夢は神的な性質こそないものの、霊的な性質があり、正しく解釈すれば深い意味が明るみに出るという。彼はまた、夢の生活の特徴をいくつか理解しており、例えば、睡眠中に捉えたわずかな感覚を、夢は大きなものに捉え直す（「身体の一部がほんのわずかでも暖められれば、火の中を歩いてその熱さを感じたように想像する」）といったことも知っていた。そしてそこから、身体の中で何らかの変化が始まっているとき、昼間には気づかれない最初の兆候を、夢が医師に教えてくれるのではないかと結論づけている。しかしアリストテレスの論については、準備と専門家の助力をともに欠いていることから、これ以上検証することはできない。

誰もが知っているように、アリストテレス以前の古代人は、夢を、夢見る心の産物ではなく、神の啓示と捉えており、夢の生活についての評価で見られる二つの対立する潮流は、古代においてすでに見出されていた。つまり彼ら古代人は、夢見る者に警告を与え、未来を告げるべく遣わされた真の価値ある夢と、彼の道を誤らせ、破壊へと導こうとする意図を持つ、無益で、不正で、空虚な夢とを区別していたのである。夢に関するこうした科学以前の認識は、古代人にとって、彼らの人生観全体、すなわち精神の中でしか現実性を持たない事柄を、外的世界の現実として投影する人生観と、完全に一致していたに違いない。さらにそれは、朝起きたときにまだ残っている夢の記憶によって覚醒時の生活に刻み込まれる、主な印象を説明している。こうした記憶において、夢は他の心理的内容と比べて奇妙で、言わば別世界に由来するもののように思われるのである。それと同じく、夢の起源を超自然的なものに求める学説が、いまや信奉者を持たないと考えるのは間違いだろう。頑迷な神秘主義者——科学的説明によって一掃されるまで、かつては広大だった超自然的領域の残余にしがみつくことを正当化される人たち——を考慮の外に置いたとしても、奇矯なことはすべて嫌い、超人間的な力の存在、およびその干渉に対する信仰の基礎を、夢という兆候の説明し難さに置く聡明な人たちがいる。一部の哲学学派、例えばシェリング学派による夢の生活に関する妥当性の評価は、古代においては論争の余地がなかった夢の神性を明確に反映しており、未来を予知し予言する夢の力についての議論も閉ざされたわけではない。なぜなら、こうした主張は退けられるべきだと、科学的思考に身を捧げる者がどれほど強く感じたところで、これまでに収集された資料を処理するにあたって、精神学的解明の試みがいまだ不十分だからである。

84 近代科学とアナーキズム
ピョートル・クロポトキン〔一八四二〜一九二一〕

ロシアの革命家。士官学校に学び陸軍士官となるが、革命に身を投ずる。その後スイスでの亡命生活を経てフランスに移るが、一八八三年にアナーキストのかどで禁固五年の判決を受ける。一八八六年の釈放後はイギリスで暮らし、一九一七年のロシア革命を受けてようやく帰国する。『近代科学とアナーキズム』は一九〇〇年の刊行。

一

社会主義全般と同じく、また他のあらゆる社会運動と同じく、アナーキズムはもちろん、科学あるいはなんらかの哲学体系から発展したものではない。社会科学はいまだ、物理学や化学と同程度の正確さを有するにはまったく至っていない。気象学であっても、一ヶ月後の天気はおろか、一週間後の天気さえ予測できない状態だ。したがって、風や雨よりはるかに複雑な現象を扱うこの新興の社会科学が、将来の社会的な出来事を確かに予測できると考えるなど、実に愚かなことだろう。さらに、学者もまた人間に過ぎないこと、そのうえ科学者の大半は、有産階級に属してその階級特有の偏見に取り憑かれているか、あるいは政府に雇われて俸給を得ていることを忘れてはならない。

社会主義全般と同じく、アナーキズムも大衆の間から生まれたものであり、それが大衆の運動であり続けない限り、活力と創造力を完全に維持することはできないのである。

すべての時代を通じ、人間社会では二つの流れが対立を続けてきた。大衆は社会的生存を可能にするため、すなわち人間同士の平和を保ち、生じ得る一切の抗争を解決し、また相互扶助を必要とするあらゆることにおいて互いに助け合うため、慣習という形で多数の制度を作り上げた。最初期における未開人の部族、次いで村落共同体や狩人の集団、やがて中世における自由諸都市の産業ギルド、およびその時代に構築された国際法など数多くの制度。これらは立法者によってでなく大衆の創造力によって形作られたのである。

その一方ではどの時代にも、魔法使い、予言者、神官、そして軍事組織の長といったものが存在しており、大衆に対する影響力を築きまた強めようとした。彼らは互いに支え合い、大衆を支配し、彼らを服従のもとに置き、自分たち主人に尽くすことを強いるべく、一致団結したのである。

明らかにアナーキズムは、これら二つの流れのうち最初のもの、つまり少数の権力者から身を守るため慣習法的制度を築き上げた、大衆の創造的・建設的な力を代表している。そして近代科学と技術の力を土台とする、大衆による同様の創造的・建設的活動を通じ、アナーキズムは現在、社会の自由な発展を保証する諸制度を築こうと努めている。ゆえにこの意味で、アナーキストと政府拡大論者はどの時代にも存在していたのである。

さらにまた、時の流れの中で制度が硬直して本来の意義を失い、少数の支配者の下に置かれ、しまいには社会の一層の発展を目指す者にとっての障害となるという事態が、どの時代にも発生した。これは、平等、自由、そして相互扶助の維持を目的とし、そのために築かれたはずの、最も優れた制度でさえ例外ではなかった。やがて人々は、これらの制度に反逆するようになる。しかし、不満を抱く者の一部が、カースト、共同体、ギルドなどの古い制度を振り払い、自ら他の人々の上に立ち、彼らの犠牲によって豊かになろうとする一方で、とりわけ社会の抑圧者となった権威を打破すべく、諸制度を全員の利益となるよう改革せんとする者たちもいた。すべての政治的・宗教的・経済的改革者はこのグループに属している。そしてこれら改革者の間には、常に次のような者が出現した。すなわち、すべての同胞が、いや同胞の大多数さえもが、同じ見解に染まっているにもかかわらず、圧政への抵抗の中で常に前へと進み出て、可能な場合は群衆とともに、そうでない場合はたった一人で戦った人物である。彼らこそが革命家であり、どの時代にも存在したのである。

85 ローマ史 テオドール・モムゼン〔一八一七〜一九〇三〕

ドイツの歴史家。キール大学で法律を学び、後にライプツィヒ大学で教鞭をとる。その後一八五八年にベルリン大学の古代史教授となる。主著『ローマ史』は一八五四年から五五年にかけて刊行された。一九〇二年にノーベル文学賞を受賞。

第一巻 王政の崩壊まで

第一章 序論

古代の歴史

様々に枝分かれしながら大陸の奥深くまで入り込む地中海は、大洋における最大の湾を形作り、また島々や突出した陸地によって幅を狭められたり、再び広がったりしつつ、旧世界をあるいは三つの部分に分け、あるいは一つに結合している。古代、この内海の岸辺には、民族学的に、もしくは言語学的に異なる人種に属する、様々な民族が住んでいたものの、歴史的には一つのまとまりをなしていた。この一つのまとまりは、あまり適切ではないが、通常古代世界の歴史と称されている。だが実際には、地中海世界の文明史であり、それは四つの大きな発達段階を通過してきた。すなわち、南岸に居住するコプト人つまりエジプト人の歴史、東海岸を占め、遠くはユーフラテス川・チグリス川までアジアの内陸深くに広がる、アラム人つまりシリア人の歴史、ついで地中海のヨーロッパ沿岸の諸地域を遺産として受け継ぐ双子の民族、ヘレネスおよびイタリキの歴史である。これらの歴史はすべて、その初期段階において他の地域や歴史的進化の過程と結びついているが、すぐに独自の過程を辿るようになる。この周りに住む異民族、あるいは血筋の上で近い民族――つまりアフリカのベルベル人およびネグロ、アジアのアラブ人、ペルシャ人、インド人、そしてヨーロッパのケルト人とゲルマン人――は、地中海沿岸に住む人々と多方面にわたる関係を有したが、それぞれの発展に対する決定的な影響力を、与えることもなければ受けることもなかった。従って、一連の文化に境界が存在し得る限り、各々が統一体とみなされ、その頂点に達したものがテーベ、カルタゴ、アテネ、そしてローマと命名されたのである。これら四つの民族は、それぞれ独自の過程で固有の偉大な文明を作り上げた後、きわめて多様な形で相互に関連しつつ、人間性の全要素を巧みに練り上げ、豊かに発展させたのである。そしてついには、そのサイクルも完成された。それまで地中海国家の領域を、波が浜辺を洗うようにしか占めていなかった新しい人々が、両岸から溢れ出て、南岸の歴史と北岸の歴史を切り離すとともに、文明の中心を地中海から大西洋へと動かしたのである。よって、古代史と近代史を分けるのは、単なる偶然だったり、年代的な都合によるものではない。近代史と呼ばれるものは、実際には、文化の新たなサイクルの形成に他ならず、それは進化におけるいくつかの段階において、インド・ゲルマン人の最古の文明と結びついたが如く、地中海諸国家の消滅しつつある、あるいはすでに消滅した文明と結びついているが、独自の軌道を辿るように運命づけられている。さらには、国家的な繁栄と苦境、成長・成熟・衰退の諸段階、宗教・政治・芸術における創造的努力の開花、物質的・精神的成果の享受、そしておそらく、目標に到達した満足感のせいで将来的にもたらされるであろう、創造力の衰退——こういったことを残らず経験し尽くすことを運命づけられているのである。それでいながら、その目標にしても一次的なものにすぎず、最大の文明システムには独自の軌道があり、いつかは完成するかもしれないが、人類に関して言えばそのようなことは決してなく、目標に達したかに見えるまさにそのとき、古い課題がもっと広く、もっと深い意味をもって新たに現われるのである。

86 道徳的認識の源泉について

フランツ・ブレンターノ〔一八三八〜一九一七〕

オーストリアの哲学者、心理学者。カトリックの司祭としてヴュルツブルグ大学で哲学を教えるも、一八七三年に聖職を捨て翌年ウィーン大学に移り、定年まで同大学で教鞭をとった。『道徳的認識の源泉について』は一八八九年の刊行。

講演録

一、歴史と哲学の、法学にとっての価値。オーストリアにおける法学研究の改革についての新たな提案。

1　法学協会が私に発した講演への招請は、一つの確信、残念ながら今や消え去ろうとしている確信を力強い言葉で表明したものであって、それだけに受諾するのが義務であると、より一層私に感じさせたのです。法学研究の改革案（さらにそれらの提案は、大学関係者から打ち出されたものということです）を最近耳にしましたが、それが意味するところは、法学が倫理学と国史学の領域に深く下ろしている根は断ち切られてもよい、それによってこの生命体が致命傷を負うことはないだろう、というものに過ぎません。

正直申しまして、歴史に関して言えば、この勧告は私にとってまったく不可解です。しかし哲学に関しては、現在法学の教壇に立つ人々が、最近なされた数々の誤ちについて深く悲しい印象を受けているという理由によってのみ、これを許すことができます。したがって、個人的な非難が彼らに向けられるべきではありません。しかしそのような提案はやはり、医学部がその必須課程から動物学と物理学と科学を抹消することを提案するのと、なんら異なるところはないのです。

ライプニッツは『自叙伝』の中で自分自身を述べるにあたり、こう記しています。「以前に歴史と哲学を研究したことが、法学の研究をかなり楽にしたのだと気づいた」また『法律難問例』においては、当時の法律家たちの偏見を非難しながらこう叫んでいます。「ああ、法の研究にいそしむ者たちが、哲学への侮蔑を捨てて、哲学がなければ彼らの法律に関する問題のほとんどは、出口のない迷宮となってしまうことを理解してほしいものだ！」彼がもし今日再び目を覚ましたなら、これらの逆行的な改革運動に対して、いったいなんと言うでしょうか？

2　尊敬すべき当協会の会長は、彼と同じ職業の人物が有する真の学問的欲求に関して、新鮮かつ開かれた感覚を維持されており、選ばれるべきテーマに関して特別の要望を私に表明されました。つまり、自然法の存在に関わる問題こそ、法律協会に所属する人々が大きな関心を寄せているテーマだとおっしゃったのです。そして会長自身、イェーリングが数年前にここで表明した見解に対し、私がどのような態度をとるか、ぜひ知りたいというのです。

私は喜んで承諾し、「法と道徳の自然な承認」を講演のテーマにすると同時に、いかなる感覚でのみ、私が自然法というものを信じているのかを、暗示しようと考えております。

3　と言いますのも、「自然」という語には二通りの意味を結びつけることができるからです。

(1)「自然な」という語は「天与の」あるいは「生まれついての」と同じ意味を持ち得ます。これは、歴史的発展の中で、演繹によって、または経験によって得られたものと反対の意味です。

(2)「自然な」という語は、独裁者の恣意的意思によって定められたものとは反対の意味を持つ規則、つまりそれ自体で、またその本質のために、正しく、かつ拘束力を持つと認識される規則を意味します。

イェーリングはどちらの意味においても、自然法を否定しています。私自身は、一方については彼とまったく同じ意見ですが、もう一方の点では彼に反対するものです。

87 プロテスタンティズムの倫理と資本主義の精神

マックス・ヴェーバー〔一八六四〜一九二〇〕

ドイツの社会学者、経済学者。ハイデルベルク、ベルリンの両大学で学び、ドイツ各地の大学で教鞭をとる。一九〇四年に刊行された主著『プロテスタンティズムの倫理と資本主義の精神』は後の社会理論に大きな影響を与え、また第一次世界大戦後はワイマール共和国憲法の草案作成に協力した。

第一章　問題

一　信仰と社会の層化

様々な宗教が入り混じっている地方の職業統計に目を通すと、カトリックの新聞や文献、ドイツカトリック派の会議で何度か議論を引き起こした一つの現象に、いくつもの光を当てていることがわかる。その現象とは、近代的企業の経営者や資本所有者、上級の熟練労働者、さらには技術面・商業面でより優れた訓練を受けた人々の圧倒的多数が、プロテスタントであるという事実である。これは、東部ドイツにおけるドイツ人とポーランド人のように、宗派の違いが国籍の違いと一致し、従って文化の発達度合いの違いとも一致する場合にのみ見られる現象ではない。一大発展期にある資本主義が、その必要に従って自由に社会的な人口構造を変え、職業構成を決めた地方では必ず、信仰統計の中で同じ現象が見られ、また資本主義に与えられた自由が大きければ大きいほど、その効果もより明瞭となる。近代の大商工企業における資本所有や経営、および高級労働に参加するプロテスタントの数が、総人口におけるプロテスタントの比率よりも大きいのは、部分的には、はるか古い時代にまで遡る歴史的状況によって説明できる。その状況において、宗教的信仰は経済的状況の原因でなく、ある程度までその結果であるかのように思われる。そうした経済的機能に携わることは、資本の所有ないし、一般的には高度で幅広い教育、あるいはその両方を必要としている。今日において、それらはいずれも、巨額の遺産か、あるいは少なくともある程度の物質的富が不可欠となっている。十六世紀、旧帝国の中でも経済的に極めて豊かで、自然の資源や状況に最も恵まれた大勢の人々がプロテスタンティズムに走り、とりわけ大多数の富裕な都市でそれが顕著だった。こうした状況がもたらした結果は、今日もなお、経済上の生存競争でプロテスタントの立場を有利にしている。そしてここから、歴史にまつわる次の疑問が生じる。経済的にもっとも発達した地域が、同時に宗教改革を特に強く支持したのはなぜだろうか？　その答えは、想像するほど簡単なものではない。

経済的な伝統主義からの解放は、すべての伝統的な権威に対してと同じく、宗教的伝統の神聖さに対しても強い懐疑を抱かせた。しかし、しばしば忘れられているが、宗教改革は日々の生活に対する教会の支配を排除したわけではなく、むしろ従来のものとは違う新たな支配形態に置き換えたのである。それが目指したのは、当時の実生活ではほとんど意識されず、形式にとどまっていた、極めて緩やかな支配形態の否定であり、その代わりとして、公的生活と私的生活のあらゆる点にわたって、恐ろしいほどの重荷をもたらし、また従うことを厳格に求められる、行動全般に関する規律を支持した。「罪人は憐れみ異端は罰する」というカトリック教会の支配も、過去においては現在に増してその通りだったが、今日では極めて現代的な経済的観念を持つ人々にも許容されており、十五世紀が終わるころ、世界で最も富裕かつ経済的に発達した地域の人々も、それを受容していた。他方、カルヴィニズムの教義は、十六世紀にはジュネーヴとスコットランドを支配し、十六世紀末から十七世紀にかけてはオランダの大部分、十七世紀にはニューイングランド、そして一時はイングランド本国をも支配したが、今日の我々にとって、およそ考え得る教会による個人支配の中で、それは最も耐え難いものだろう。その当時、ジュネーヴ、オランダ、イングランドに居住していた古くからの都市貴族の多数も、まさしくそれと同じように感じていた。そして、経済的発展が進んでいた地域の宗教改革者は、人々の生活に対する教会の監督が厳しすぎることでなく、緩すぎることを厳しく非難していた。

88 プラグマティズム　ウィリアム・ジェイムズ〔一八四二〜一九一〇〕

アメリカの哲学者、心理学者。ニューヨークとヨーロッパで学んだ後、ハーバード大学で医学の学位を取得、同大学で解剖学と生理学を、後に哲学を教える。著書『プラグマティズム』は一九〇七年に刊行され、ジェイムズをアメリカの代表的哲学者とした。

第一講　哲学における現在のジレンマ

チェスタトン氏は『異端者』と名付けられたかの素晴らしい論文集の序論で、このように書いている。「一人の人間に関して最も実際的かつ重要なことは、なんと言ってもその人の宇宙観である、と考える人々がいて、私もその一人である。我々の考えるところ、下宿人の品定めをする下宿屋の女主人にとって、彼の収入を知るのは重要なことではあるが、それにも増して重要なのは彼の哲学を知ることである。また、敵と戦わんとする将軍にとって、敵の数を知るのは重要なことではあるが、それにも増して重要なのは敵の哲学を知ることであると、我々は考える。さらに、宇宙に関する理論が物事に影響を与えるか否かが問題ではなく、長い目で見て、それ以外の何かが物事に影響を与えるか否かが問題なのであると、我々は考える」

この点について、私はチェスタトン氏と同意見である。私はここにいる紳士淑女諸君がみなそれぞれ、なんらかの哲学を持っていることを知っているし、また諸君に関して最も興味深くかつ重要なことは、諸君の哲学が各自の世界の全体像を規定する方法であることも知っている。諸君も私について同じであると知っていよう。それでも私は、これより始める企ての大胆さに、いささか身震いしていることを告白する。と言うのも、我々一人一人において重要な哲学は、単に技術的な問題でなく、人生というものが奥深いところで本当は何を意味しているか、我々が多かれ少なかれ暗黙のうちに会得する感覚なのである。書物から得られるのはそのわずかな部分でしかなく、哲学は、我々一人一人が宇宙の前進と圧力の全体を見、かつ感じるその方法なのである。諸君の多くが教室的な意味で宇宙学の学生であると仮定する権利は、私にはない。しかし私は、少なからず技術的に取り扱わねばならない哲学に対し、諸君の興味を引きつけたいと願いながらいまここに立っている。また私自身が心から信じている現代の一傾向に対し、諸君の全幅の共感を得たいと願っている。その一方で、学生ではない諸君に対し、私は教官のごとく語らざるを得ないのである。教授が信じる宇宙など、たとえどんなものであっても、長々とした講義に好都合な宇宙に違いない。一つや二つの文章で定義できる宇宙など、教授的知性がひどく嫌うものである。そんな安物を信じられるものか、というわけだ。私は以前、友人や同僚たちがまさにこの講堂で哲学を大衆化しようと試みたのを聴講したことがあるが、彼らの議論はすぐに無味乾燥なものになってしまい、やがて専門的なものになってしまって、ほんの一部の人間だけを励ます結果に終わってしまった。ゆえに、私の試みは大胆なものである。プラグマティズムの創始者自らが最近、プラグマティズムという演題を掲げて、ロウエル学会で講義を行なった。それは暗黒の国にきらめく輝かしい光明だった。彼の言葉をすべて理解できた者はいなかったと思う。それでも私はここに立ち、同じ冒険を試みようとしているのだ。

私がそのような危険を冒すのは、私の行なおうとしている講義が人気を集めた――つまり多数の聴衆を引きつけたからである。正直に言うと、深遠なる物事が語られているのを聞いていると、それが聞き手の我々にもまた論者にも理解できない場合であっても、好奇心をそそる魅力をそこに感じるのである。我々は不思議なスリルを覚え、広漠たるものの存在を感じる。自由意志について、あるいは神の全知について、またあるいは善と悪について、喫煙室かどこかで議論が始まったとしよう。すると、その場にいる全員が耳をそばだてることだろう。哲学の結果は我々全員にごく重大な関わりを持つものであり、哲学のはなはだしく奇妙な議論でさえ、我々の繊細かつ純真な感覚を快くくすぐるのだ。

89 暴力論 ジョルジュ・ソレル〔一八四七〜一九二二〕

フランスの社会哲学者。エコール・ポリテクニークを卒業後、政府の土木技術部門で勤務する。その後四十歳のときに辞職、哲学と社会理論の研究を始める。一九〇八年に刊行された『暴力論』では、社会主義が対立と革命によってのみ達成されると主張した。

第一章 階級闘争と暴力

一

社会主義に関する論争は極めて曖昧であると誰もが口にしているが、その曖昧さは多くの場合、現在の社会主義者たちが、彼らの理念ともはや一致しなくなった用語を使っている事実に由来する。改革主義者を名乗る人々のうち最も著名な人物でさえ、長年にわたり社会主義論文を特徴付けるのに役立ってきたある種の表現を、放棄したとは思われたくないのである。(ドイツの社会主義者)ベルンシュタインは、社会民主主義という言葉とその活動の実態との間に存在する巨大な矛盾に気づき、ドイツの同志に呼びかけ、ありのままの姿でいる勇気を持ち、虚偽となった教義を修正するよう求めたのだが、彼の大胆さに対して一斉に非難の声が沸き起こった。さらにこれら改革主義者たちは、旧来の信条を熱心に擁護した。名の知られたフランスの社会主義者たちが、ベルンシュタインのテーゼより（フランスの政治家）ミルランの戦術のほうが受け入れやすそうだと言ったことを、私は今も憶えている。

こうした言葉の偶像崇拝は、あらゆるイデオロギーの歴史において大きな役割を果たしている。マルクスの思想と無縁になった人々がマルクス主義の言葉を維持していることは、社会主義にとてつもない不幸をもたらしている。例えば「階級闘争」という表現は、実に不適切な使い方をされており、その言葉に正確な意味が与えられない限り、我々は社会主義を正しく説明する望みなど持ち得ないだろう。

A――大多数の人々にとって、階級闘争は社会主義戦術の原則となっている。つまり、社会党は、ある種の集団の間に激しい状態で存在する利害の対立を、選挙における成功の土台としており、必要とあればそうした対立をより激しいものにしようとするだろう。社会党の候補者たちは、最も数が多く最も貧しい階級に対し、自分たちを一つの団体として見るよう求め、我こそがその擁護者になろうと申し出ている。彼らは、代表としての立場から得た影響力のおかげで、相続財産を持たぬ者たちの境遇を改善しようと約束している。かくして我々は、ギリシャの諸都市国家で起きた状況からさほど離れていないことになる。議会の社会主義者たちは、借金の帳消しと土地の分配を絶えず要求し、すべての公共的負担を金持ちに押しつけ、巨大な資産を没収すべく陰謀を巡らせた、かの扇動政治家《デマゴーグ》どもと似通っている。アリストテレスはこう述べた。「群衆が法の上に位置する民主制において、デマゴーグは金持ちに対する絶え間ない攻撃を通じ、都市国家を常に二つの陣営に分割している……寡頭政治の独裁者たちは、彼らが現在行なっているような誓いを一切やめなければならない。なぜなら、いくつかの都市国家では次のような誓いがなされているからだ。『私は大衆の宿敵となり、私の力が及ぶ限りの悪を彼らに為すだろう』」ここには疑いなく、可能な限り明確に定義された、二つの階級間の闘争が存在している。しかし、自分自身が社会主義の本質とみなした闘争を、マルクスはこのように理解していたと主張するなど、私にとっては馬鹿げたことのように思われる。

90

恋愛と奢侈と資本主義

ヴェルナー・ゾンバルト〔一八六三～一九四一〕

ドイツの経済学者、社会学者。ベルリン大学卒業後、イタリアで学ぶ。その後はブレスラウ大学、ベルリン大学、およびベルリン商科大学で教鞭をとった。代表作として『近代資本主義』（一九〇二）、『恋愛と奢侈と資本主義』（一九一三）、『戦争と資本主義』（同）がある。当初はマルクス主義だったが、後に転向しナチズムを理論面で支える。

第一章　新しい社会

第一節　宮廷

中世の末期、国家機構と軍制の面で行なわれた変革による重要な結果、およびその決定的な原因は、今日の我々がその言葉通りに理解しているところの、王侯を中心とする壮大な宮廷の出現である。

後に発展した宮廷の先駆けにしてその模範となったのは、他の多くの分野においてと同じように、聖職の主だった者たちである。おそらく、アヴィニョンこそが最初の近代的宮廷だったろう。なぜなら、そこには二種類の人々が集まり、続く数世紀の間、宮廷社会なるものを形作る基調となったからである。その第一は、宮廷の利益を守るほか仕事のない貴族たち、そして第二は美しき女性たちである。これら美女は「その振る舞いと精神によってしばしば特徴づけられ」、宮廷の生活にはっきりとした印を残したのである(それについては、後に他との関連の中でより厳密に検証する)。アヴィニョン宮廷の挿話が持つ意義は、まず第一に、全ヨーロッパの大聖職者がはじめて教皇のまわりに集い、ヨハネス二十二世が教令の中で鮮やかに描いた通り、その壮麗さをはっきり示した点にある。

我々が知るように、十五世紀から十六世紀初頭にかけて、一族郎党を含めたローマ教皇の宮廷は最も栄華を極め、自由に満ちた雰囲気(それはかのエラスムスをして大いに感動させた)、荘厳さ、そして宮廷のしきたりの模範とされた。「ローマの廷臣」は、カスティリオーネによって描かれた当時の廷臣の理想像に最も近かった。さらに、ルネサンス期の偉大な教皇たちによる統治の下、とりわけローマにおいて、世俗世界の壮麗さが最高の進化を遂げたことも、我々は後に見ることとなるだろう。

イタリアの諸侯も教皇の宮廷と張り合った。近代的特徴を帯びた最初の宮廷の一つが、ナポリのアルフォンソの宮廷である。アルフォンソは他の何にも増して、栄誉、壮麗さ、そして女性を愛したと言われている。また十五世紀という早い段階から、ミラノやフェラーラ、あるいは他の小規模な宮廷でも、完全に近代的な生活が繰り広げられていた。こうした生活の基調が最も早い時期に発展したのはイタリアにおいてのみだが、それは次の諸条件が最も満たされていたからである。すなわち、騎士道の衰退、貴族の都市化、絶対国家の形成、芸術と科学の復興、社会的才能、そして巨富の蓄積などである。

しかし宮廷制度の歴史にとって決定的に重要なのは、より大規模かつ強力なフランスにおいて近代的宮廷が発達した事実である。十六世紀末から十七、八世紀にかけて、フランスの宮廷は宮廷生活というものに関し、あらゆる事柄について誰もが認める模範だった。

フランス宮廷の創始者はフランソワ一世である。それ以前、すでにルイ十一世が、宮廷で仕える者たちに「フランスの役員」という称号を与え、王室をフランスと同一とみなすことで、大きな変革をもたらしてはいた。この変革を経て、彼はもともと個人的集団としてしか存在できなかったものを、宮廷へと発展させる道を拓いたのである。しかし最初に宮廷を作ったのはやはりフランソワ一世であり、婦人を支配的地位に登らせることでそれはなされた。彼は次のように述べたと言われる。「婦人のいない宮廷は春がない一年、薔薇がない春のようだ」と。

それゆえフランソワ一世は、それまで城塞の古い灰色がかった天守閣で生涯を送っていた婦人たちを呼び寄せた。彼は分別ある専制主義に彩られ、あらゆる刺激に満ちた宮廷を作り上げた。その結果、フランスにおける一切の活力と世俗的世界は、王の周囲にのみ見出されるようになったのである。

91 イデーン（純粋現象学と現象学的哲学のための諸構想）

エトムント・フッサール〔一八五九〜一九三八〕

ドイツの哲学者。ベルリン大学とウィーン大学でそれぞれ数学と心理学を学び、ハレ大学、ゲッティンゲン大学、フライブルク大学で教鞭をとる。『イデーン』第一巻はゲッティンゲン大学時代の一九一三年に刊行され、現象学が確立されたことを世に知らしめた。

第一巻　純粋現象学への全般的序論

第一編　本質と本質認識　第一章　事実と本質

第一節　自然的認識と経験

自然的認識は経験とともに始まり、経験のうちにとどまる。我々が「自然的」と呼ぶような理論的態度において、探求可能な全地平は、したがって一つの単語で言い表わされる。つまりそれは、世界である。それゆえ、こうした本源的な態度による諸学問は、全体として、世界に関する諸学問である。そしてその態度がもっぱら支配的になっている限り、「真の存在」「現実的存在」、すなわち実在的存在といった諸々の概念、また——実在的な一切のものは統合されて世界の統一を形作るわけだから——「世界における存在」という概念は、すべて一致することになる。

各種の学問にはそれぞれに対応する、研究領域としての対象区域がある。そしてその学問における一切の認識、つまりその学問における一切の正しい言明には、同じくそれぞれに対応する直感、すなわちその正当性を証明する基礎づけの根本源泉として、ある種の直感がある。その直感の中では、その対象区域に属する諸対象が、既存のものとしての自己所与性となり、そして少なくともその一部は原的所与性となる。最初の「自然的」認識領域、またその領域のあらゆる学問に属する表象的直観は、自然的経験である。そして原的なものを表象する自然的経験は、知覚である。ここでの知覚という言葉は、普通の意味で理解されるところの知覚である。原的に与えられた実在的なものを所有することと、それを端的に直観しつつ「知覚し」そして「経験する」こととは、実は同じことである。我々は「外的知覚」において、具体的な物理的事物に関する原的経験を有するけれど、その事物を思い出したり前もって予期する場合、そうした原的経験はもはや有していない。我々はいわゆる内的知覚ないし自己知覚において、自分自身および自分の意識状態に関する原的経験を持つものの、他人あるいは彼らの心的過程に関する原的経験は、「感情移入」をしたところでこれを持つことはない。我々が他人の心的過程を見るのは、彼らの身体的表出を知覚することによってである。感情移入を通じてこのように見ることは、直観的・表象的な行為ではあるものの、原的なものを表象する行為ではもはやない。他人および他人の心的生活は、確かに、「それ自身そこに」かつ他人の身体と一緒になってそこにあるものとして意識されているが、他人の身体が原的に与えられたものとして意識されるようには、意識されないのである。

世界とは、可能な経験の対象と、経験的認識の対象の総和である。つまり、実際の経験に基づき、正しい理論的思考によって認識され得る諸対象の総和である。経験科学の方法はより詳細に見たときいかなる様相を呈しているのか、直接的な経験的所与性という狭い枠を乗り越えてゆく自らの権利を、その方法はいかに基礎づけているのか、といった問題について、ここはそれらを論じる場所ではない。世界に関する学問、つまり自然的態度による学問、物質的自然に関する学問、しかしまた心理物理的な自然とともに活発に行動する存在についての学問、したがって生理学や心理学など、これらはすべて、狭い意味でも広い意味でも、いわゆる自然科学である。同様に、いわゆる精神科学と称されるものもすべてそうであり、歴史学、文化科学、および各種の社会学的諸学科もまたそうである。その場合、精神科学は自然科学と同様に扱われるべきか、あるいはそれらと対立させられるべきか、また精神科学そのものは自然科学とみなさなければならないのか、あるいは本質的に新しい種類の学問として扱わねばならないのかは、当面未解決のままにして差し支えはないだろう。

Ⅵ

1917　ロシア革命
1919　パリ講和会議でベルサイユ条約が締結される
1920　国際連盟が成立
1929　世界恐慌が発生
1933　ドイツでヒトラー率いるナチス政権が成立
1939　第二次世界大戦が始まる（〜1945）

92 帝国主義論　ウラジーミル・イリイチ・レーニン〔一八七〇〜一九二四〕

ロシアの革命家。カザン大学とサンクトペテルブルグ大学で法律を学ぶ。その後地下革命運動に参加、そのかどで一八九七年から一九〇〇年までシベリアに流刑となる。一九一七年の革命では「すべての権力をソビエトへ」というスローガンを掲げてボリシェヴィキ革命を指揮、人民委員会議議長となる。『帝国主義論』は一九一六年の刊行。

第一章　生産の集中と独占

工業の飛躍的成長と、生産が大企業へと著しく急速に集中している事実は、資本主義における最大の特徴の一つである。現代の生産統計は、この過程に関する完全かつ極めて正確なデータをもたらしている。

たとえばドイツでは、第二次産業に属する企業一〇〇〇社当たりの大企業の数、すなわち五十名以上の労働者を雇用している企業の数は、一八八二年には三社、一八九五年には六社、一九〇七年には九社であり、また労働者一〇〇名のうち、大企業に雇用されている者の数は、右のそれぞれの年で二十二名、三十名、および三十七名となる。とは言え、生産の集中は労働者の集中よりはるかに急激である。なぜなら、大企業の労働生産性のほうがはるかに高いからである。このことは蒸気機関および電気モーターの数字が証明している。ドイツにおいて産業と呼ばれているもの、つまり商業や運輸などを含めた広義の産業に目を向けてみると、次のような図が見て取れる。企業総数三二六万五六二三社のうち大企業は三万五八八社、すなわち全体の〇・九パーセントを占めている。ところがこれら大企業は、労働者総数一四四〇万人のうち五七〇万人を雇用しており、これは全体の三九・四パーセントを占める。また蒸気機関について、大企業は八八〇万馬力のうち六六〇万馬力を使用しており、これは全体の七五・三パーセントとなる。さらに電気モーターについては、一九五万キロワットのうち大企業が使っているのは一五〇万キロワット、すなわち全体の七七・二パーセントとなっている。

全体の百分の一に満たない企業が、四分の三以上の蒸気機関と電気モーターを所有している！　二九七万の小企業（労働者五名未満）は企業総数の九一パーセントを占めているが、蒸気機関と電気モーターの数はわずか七パーセントに過ぎない！　数万社の大企業が全てであり、数百万の小企業は無に等しい。

一九〇七年現在、ドイツで一〇〇〇名以上を雇用している企業の数は五八六社であり、総労働者のうち十分の一（一三八万名）近くがこれら企業で働いている計算になる。さらにドイツの大企業は、蒸気および電気動力のほぼ三分の一（三二パーセント）を消費している。

後で見るように、一握りの企業が有するこうした優位性は、貨幣資本と銀行によってさらに圧倒的なものとなっており、数百万の中小企業、さらには有力な「経営者」の一部ですら、富裕を誇る数百名の資本家に完全に隷属している。

現代資本主義を代表するもう一つの先進国、すなわちアメリカ合衆国では、生産の集中がより急激に進行している。ここで引用する統計は、狭義の産業、すなわち工業を対象としており、各企業は年間の生産額によって分類されている、一九〇四年において、生産額百万ドル以上の大企業の数は一九〇〇社だった（企業総数二一万六一八〇社のうち〇・九パーセントを占める）。これら大企業は一四〇万名の労働者（労働者総数五五〇万名のうち二五・六パーセント）を雇用し、生産額は五六億ドル（総生産額一四八億ドルのうち三八パーセント）である。これが五年後の一九〇九年になると、三〇六〇の大企業（企業総数二六万八四九一社のうち一・一パーセント）が二〇〇万名の労働者（労働者総数六六〇万名のうち三〇・五パーセント）を雇い、生産額は九〇億ドル（総生産額二百七億ドルのうち四三・八パーセント）となっている。

アメリカの全企業による総生産のうちおよそ半分が、わずか百分の一の企業によって担われている！　これら三〇〇〇社の巨大企業が、二五八の工業部門を支配している。この事実から、生産の集中は一定の段階に到達すると、自ずから独占へと向かうことが見て取れる。と言うのも、巨大企業の数が数十に絞り込まれると協定を結ぶのが簡単になり、他方では企業の大規模化から競争回避と独占への指向が生じるからである。競争から独占へのこうした変容は、現代資本主義経済の最も重要とは言わぬまでも、極めて重要な現象の一つであり、我々はその現象を詳細に検討しなければならない。しかしまず、可能性のある一つの誤解を正しておく必要がある。

93 相対性理論　アルベルト・アインシュタイン〔一八七九～一九五五〕

ドイツ出身の物理学者。一九〇五年、学術誌『物理学月報』に特殊相対性理論を含む理論物理学の三つの論文を発表する。また一九一六年には一般相対性理論を発表。しかしナチスによる迫害を受け、一九三四年にアメリカへ移住、四〇年にアメリカ市民権を取得した。また三〇年代から平和主義を熱心に唱え、戦後は核兵器の国際的禁止を訴えた。

第一部　特殊相対性理論

一、幾何学上の諸定理における物理的意味

読者諸賢の大半は学生のころ、ユークリッド幾何学の雄大な体系を知ったはずであり、また——おそらくは愛情よりも尊敬の念とともに——生真面目な教師たちに何時間も何時間も追い回されたあの高い階段の上にある、その素晴らしい構造を覚えておられよう。この科学分野における最も珍奇な命題でさえ、それを真実でないとのたまう輩に対し、諸賢はこうした過去の経験から、間違いなく非難の目を向けるだろう。しかし誰かから次のように訊かれれば、この誇りにも似た感情はすぐさま消え去ってしまうはずだ。「それなら、これらの命題が真実だ

と断定することで、あなたは一体何を意味しようとしているのか？」この問題をもう少し掘り下げてみよう。

幾何学は「平面」「点」「直線」といった、程度の差こそあれ明確な思考を結びつけることができるある種の概念、そしてこれらの思考を土台として我々が「真実」とみなしている、ある種の単純な定理（公理）を出発点としている。そして論理的過程、すなわち万人が認めざるを得ない正当化の根拠を基礎とし、残るすべての定理もこれらの公理に従うことが示される、つまり証明されるのである。一般に認められた方法で諸公理から引き出された定理は正しい（「真実である」）となる。よって幾何学上の定理における「真実である」という問題は、公理が「真実である」かどうかの問題に集約される。最後の問題が幾何学的方法では答えられないのみならず、それ自体まったく意味がないことは、はるか以前から知られている。一本の直線だけが二つの点を通過することができる、という問題が真実か否か、我々は答えることができない。我々に言えるのは、ユークリッド幾何学が扱う「直線」というものの一本一本には、その上に位置する二つの点によって決定されるという特性が付与されている、ということだけだ。「真実である」という概念は純粋幾何学の主張と符合しているのではない。なぜならば、我々は「真実である」という言葉によって、それに対応する「実在の」物体を割り当ててしまうからだ。しかし幾何学は、そこに内在する概念と、既知の物体との関係を扱うものではなく、これら概念の論理的結びつきを、それらの範疇で扱うものに他ならないのである。

にもかかわらず、幾何学上の定理を「真実である」とどうしても言ってしまうのはなぜか。それを理解するのは簡単である。幾何学上の概念は本質的に、多かれ少なかれ実際の物体と結びついており、それらこそがこうした概念を生み出す唯一の要因であることに疑いの余地はない。だが幾何学の構造に最大限の論理的統一性を与えるためにも、そうした方向性は避けなければならない。例えば固体上の二つの点を「距離」として見るという習慣は、我々の思考形態に深く根ざしている。また三つの点の視覚上の位置がたまたま片目でも観察できるようになっていれば、それらの点を一本の直線上に位置するものと見ることに、我々はより一層慣れてしまっている。

第一章　哲学の概念の変化

94 哲学の改造　ジョン・デューイ〔一八五九〜一九五二〕

アメリカの哲学者、教育学者。ヴァーモント大学とジョンズ・ホプキンス大学で学んだ後、ミシガン大学、シカゴ大学、コロンビア大学で教鞭をとる。プラグマティズムの代表的学者として知られ、また教育哲学者としても大きな影響を残した。『哲学の改造』は一九二〇年の刊行。

人間が下等動物と異なっているのは過去の経験を保存する点にあり、過去に起きたことは記憶の中で再び経験される。今日の出来事のまわりには、過去に起きた同様の出来事についての考えが、雲のように漂っている。動物の場合、経験は起こると同時に消え去り、新しい行為や受難は一つ一つ孤立している。しかし人間は、一つ一つの出来事が過去に起きた事柄の余韻や回想を含んでいる世界、一つ一つの出来事が他の物事を思い出させる世界に住んでいる。ゆえに、人間は野生動物と違い、単なる物理的事物の世界ではなく、記号とシンボルの世界に住んでいるのだ。石はただ硬いもの、単に誰かがぶつかるものでなく、死せる祖先の記念碑でもある。炎はただ暖めたり燃やしたりするものではなく、家庭の永遠のシンボル、人間が気まぐれな放浪の末に戻り行く、愉楽と食物と庇護のシンボルでもある。炎は触れる者を刺し傷つける鋭い股鍬《またぐわ》でなく、そのそばで人間が崇拝し、そのために人間が戦うところの暖炉である。動物と人間を区別し、単なる物理的な自然と文化とを区別するこれら一切のものは、人間が保存と記録を通じて自らの経験を記憶することから来ている。

しかし、記憶の再現が正確なことは稀である。当然、我々は自分にとって興味あるものを、興味深いがゆえに記憶する。過去は過去であるから思い出されるのでなく、それが現在に付け加えたもののために思い出されるのである。ゆえに、記憶の本質は知的なものや実用的なものであるというより、感情的なものである。野蛮人が昨日の動物との戦いを思い出すのは、その動物の性質を科学的方法で研究するためでも、明日はどうすればもっとよく戦えるかを工夫するためでもなく、昨日のスリルを蘇らせることで今日の退屈を紛らわすためである。記憶には、危険や不安を除いた戦いの興奮がすべて詰まっている。それを蘇らせ、夢中になることは、一つの新しい意味、すなわちその戦いや過去に付属する意味とは別の意味によって、現在をより豊かにすることである。記憶とは、緊張や不安、あるいは苦悩を取り除いた、実際の体験の感情的価値をすべて含む、代理的体験である。戦闘の勝利は、実際の瞬間よりも、戦勝記念の踊りにおいてのほうがより一層鮮烈に感じられるし、狩猟が意識的な、真に人間の経験になるのは、キャンプファイアのそばでそれを語り、その真似をしたときである。実際に体験しているときは、現実的な詳細や、先を見通せないことへの緊張感に注意が向けられる。後になってはじめて、様々な詳細が一つのストーリーをなし、一つの全体的意味へと融合するのだ。人間は実際の経験にあたり、瞬間から瞬間へ、その折々の仕事に追われて存在する。その人間がすべての瞬間を思考の中で吟味し直すとき、冒頭と、中盤と、成功または失敗というクライマックスとを併せ持つ、一つのドラマが現われる。

人間が過去の記憶を蘇らせるのは、そのままでは空虚な現在の享楽に興味を添えるためであるから、記憶の本来の性質は正確な回想というより、空想や想像の類である。結局重要なのは、そのストーリー、そのドラマなのである。選ばれるのは、想像の中で繰り返すにせよ、あるいは感心している聞き手に語って聞かせるにせよ、現在の物語を強めるため、現に感情的価値を有している出来事以外にない。戦いのスリルに何も付け加えない、あるいは成功ないし失敗という結末になんら寄与しないものは除外される。種々の出来事は、物語の調子に一致するまで構成が繰り返される。したがって、独り取り残され、生存のための闘争に加わっていない野蛮人は、記憶の世界、すなわち暗示の世界に暮らしていた。その正確さを確かめる試みがなされないという点で、暗示と回想は異なっている。暗示の正しさというのは、さほど重要性を持たない。ある雲が駱駝や人間の顔を暗示するとする。駱駝や人間の顔を正確に経験したことがなければ、雲がそれらを暗示するなどあり得ないだろう。しかし本当に似ているかどうかは問題ではない。肝心なのは、その駱駝を追い、また人間の顔が出来たり崩れたりする変化を追う、感情的興味なのである。

第一章 激しい生活の傾向

95 中世の秋 ヨハン・ホイジンガ〔一八七二〜一九四五〕

オランダの歴史家。主著『中世の秋』（一九一九）のほか、ナチズムを告発した『ホモ・ルーデンス』（一九三八）などの著作で知られる。一九四二年ナチス・ドイツ占領軍に捕えられ、その後強制収容所で死去。

世界が今より五百年ほど若かったころ、すべての物事は今よりはっきりした輪郭を見せていた。苦しみと喜び、不幸と幸福の対比も、私たちの場合より一層際立っていたかに思える。子どもが日々体験する喜びや悲しみのような、あの直接性と絶対性とが、あらゆる経験にまだ残っていたのである。一切の出来事、一切の行為は、明確かつ厳粛な形式のうちに埋め込まれ、儀式の域にまで高められていた。生誕、結婚、そして死といった大きな出来事は、秘蹟の神聖さによって神秘の域に達していたが、それに比べて大したことのない出来事、例えば旅や仕事、あるいは訪問といったことにもまた、祝福、儀式、祭文など無数の作法が付きまとっていたのである。

苦難と窮乏は今よりも苛酷であり、それらから身を守り、安らぎを求めるのは難しかった。病と健康は明確な対照をなし、冬の寒さと闇は厄災に他ならない。名誉と富は貪欲に求められ、それらと対照をなす貧窮は現在以上に際立っていた。毛皮のコート、暖炉の明るい火、柔らかなベッド、そして一杯のワインから以前の人々が得ていた悦楽は、今日生きる我々にはほとんど理解できないものである。

そして生活における万事が、華々しく、あるいは残酷に公開されていた。らい病の者は喉をガラガラ鳴らしながら、列をなして練り歩く。教会では乞食が、身体の奇形を見せびらかし、自らの苦難を切々と訴える。一切の地位、身分、階級、そして職業は、服装によって見極めがついた。大領主は武具や仕着せできらびやかに飾り立て、畏怖と嫉妬を引き起こさない限り、決して出歩こうとはしなかった。処刑をはじめとする法の執行、商人の呼び売り、そして結婚と葬儀、これらはいずれも高らかに告知され、行列と歌と音楽が必ず伴っていた。男たちは愛する女の印を身に飾り、仲間同士は盟約の証しを、党派を同じくする者たちは頭領の紋章や記章を身につけていた。都市と田舎の間でも、対照は際立っていた。中世の都市が、限りなく広がる工場や家屋の中に埋没することはなかった。壁に取り囲まれた都市はまとまって一つの全体をなし、無数の小塔が林立していた。さらに、貴族や大商人の家がどんなに高く、どんなに重々しいものであろうとも、周囲を睥睨する教会の群れが、都市の景観をいぜん支配していたのである。

静謐と喧騒、闇と光の対比もまた、夏と冬の対比と同じく、我々の時代に増して顕著だった。現代の都市は真の静寂や真の闇を知らず、ただ一つ輝く光、一瞬の遠い叫び声のもたらす効果も知らない。

激しい対比と印象的な形態をもって、人の心に立ち現われるすべての物事は、日常生活に興奮と情熱の色を加え、絶望と狂喜との間で、また残忍さと見せかけの優しさとの間で絶え間ない振幅を生み出したが、それこそが中世の生活を特徴づけるものだった。

忙しい生活の音に重なり、絶えず鳴り響く一つの音、あらゆるものを秩序と静穏の領域に押し上げる一つの音、それは鐘の音である。鐘は善なる精霊の如く日常生活に存在し、その聞き慣れた音色でもって、ある時は嘆きの場に、またある時は歓喜の場に人々を集め、危険を告知することもあれば、人々に信心を促すこともあった。鐘はその愛称で知られていた。「大きなジャクリーヌ」とか「鐘のロラン」とか。また音色がもつ様々な意味は、誰もがよく知っていた。いつも鳴り響いているからといって、人々の耳が鐘の音に鈍くなることはなかったようである。

96

論理哲学論考

ルートヴィヒ・ウィトゲンシュタイン（一八八九〜一九五一）

オーストリア出身の哲学者。のちケンブリッジ大学教授となり、イギリス国籍を取得した。二十世紀の言語哲学、分析哲学に大きな影響を与える。『論理哲学論考』（一九二二）は生前に出版された唯一の哲学書。

1　世界は成立している一切の事柄である。
1・1　世界は事実の総体であって、事物の総体ではない。
1・11　世界は諸事実によって、そしてそれらが一切の事実であることによって、規定されている。
1・12　と言うのも、事実の総体は、成立している事柄を規定するとともに、成立していない一切の事柄をも規定するからである。
1・13　論理空間の中にある諸事実こそ世界である。
1・2　世界は諸事実に分解される。
1・21　他の一切の事柄が同じなまま、ある事柄が成立することも、あるいは成立しないこともあり得る。
2　成立している事柄、つまり事実とは、諸事態の成立である。
2・01　事態とは、諸対象（実体、事物）の結合である。
2・011　事態の構成要素になり得ることは、事物にとって本質的である。
2・012　論理においては、何一つ偶然ではない。ある事物がある事態の中で生じ得るならば、その事態の可能性はすでにその事物のうちに先決されていなければならない。
2・0121　単独で存在し得る事物があり、その後それに対してある状況が適合するならば、その適合はいわば偶然のように立ち現われるだろう。
事物が諸事態の中で生じ得るならば、その可能性はそれら事物のうちに初めから存在していなければならない（論理的なものは、単なる可能性ではあり得ない。論理は一切の可能性を扱い、一切の可能性は論理においての事実である）。
およそ空間から離れて空間的対象を考えることはできず、時間から離れて時間的対象を考えることはできないように、他の対象との結合可能性から離れては一切の対象を考えることができない。

もし私が、ある事態の文脈の中である対象を考えることができるならば、その文脈の可能性から離れてその対象を考えることはできない。

2・0122　事物が自立的であるのは、それがすべての可能な状況において生じる場合に限ってである。しかし、こうした形態の自立性は、その事態との連関の形式であり、また非自立性の形態なのである（同じ言葉が、単独で現われたり命題の中で現われたりといったように、二つの異なる仕方で現われることはあり得ない）。

2・0123　私が一つの対象を知っているとするならば、それが諸事態の中で生じるすべての可能性をも知っている（一切のこうした可能性は、その対象の本質に存していなければならない）。

新たな可能性が後から発見されることはあり得ない。

2・01231　ある対象を知るために、私はその外的性質でなく、すべての内的性質を知らなければならない。

2・0124　すべての対象が与えられるならば、同時にすべての可能な事態も与えられる。

97 主権の基礎　ハロルド・ラスキ〔一八九三〜一九五〇〕

イギリスの政治学者。ロンドン・スクール・オブ・エコノミクスの政治学教授。一九三〇年代にソビエト連邦を訪問、以降マルクス主義に傾倒する。労働党の議長としても力を振るい、インドのネルーに影響を与えた。『主権の基礎』は一九二一年の刊行。

一

我々の制度には、周囲の環境から受け継いだ諸々の特徴がありありと見て取れるが、その程度を考察した者はほとんどいない。しかし、国家が少なくとも、特定の組み合わせの歴史的環境から生まれたものであることは、まったく疑う余地がない。もちろん、人間は共同体を作る動物である。とは言え、近代国家をとりまく技術が存在するようになったのは、十六世紀になってからのことである。領土を持つ究極的かつ最高の機関という意味での主権は、中世では考えられないものだった。中世における機関の基礎は、近代におけるそれと極端に異なっていた。中世の組織が追求したのは統一であり、それに至る道は、終始一貫して地理的制約を超えた集団の組織を経由していた。今日同様当時においても、領土に関する事実は最終的に避け得なかった。中世ギルドの諸規則を読んだ者は誰しも、少なくとも、商人が熱心に地元に根付こうとしたことを認める。さらに、宗教改革以前の重商主義は、教会法学者の道徳的原理と、明確なる経済的供給源によって制約されていたが、それでもなお、重商主義には漠然とした国家の概念が貫かれていたのである。

しかし、一群の主権国家によって構成された世界という一見単純なことが、実は広く知られていなかったのは事実である。近代的意味での主権というものは、容易に感知できない障壁の祖先であり、中世の思想家はそこから何とかして自由を求めようとした。我々の組織は、「キリスト教国家」の崩壊に由来しているのだが、中世の思想家はその国家観に支配されていたのである。そこで暗示されていた考え方は、根本においてローマ帝国の遺産だった。またそうした考え方が現実的な仮定として無効であると立証されて初めて、より近代的な思考が始まった。「キリスト教国家」は普遍的統一の崇拝を暗示していた。どこにおいても、多元性はほんの覆いに過ぎないと考えられており、宇宙の真の秘密を見つけ出そうとするならば、その下にあるものを見透さねばならないとされた。中世の思想家が主として注力したのは、神における人間の一体性を明らかにする、秘密の本質を探り当てることだった。個人や組織が有する、それぞれ異なる利害関係の上には常に、一切を包含する「全体」という崇高な理念が存在し、移ろいゆく宇宙の煩雑な多様性を、なんらかの方法で超越していた。ダンテが考えたように、「最高の統一」こそが「最高の善」なのであり、ボニファキウス八世が「回勅」を発することができたのも、二元的宇宙という悪名高い観念に躊躇いを感じたからである。一つの法と一つの政府は、その回勅を貫く唯一の目的による必然的結果だった。中世の国家が教会だったのはそのためである。と言うのも、人はみなキリスト教徒であり、基本的統一見解の前には、一切の相違が取るに足らないものとみなされたからである。一つの共同体が二つの領域に分裂するのは耐え難いことだと、中世の人間は考えていたとは言えぬまでも、中世の国家はそのようなことを回避した。ゲラシウス一世が描いたのは、このような構図だったかもしれない。しかしカロリング帝国時代の後半、ヒンクマル大司教やオルレアンのヨーナスといった人々は、一元論の確立という幅広い要求の基礎を置くことができた。またグレゴリウス七世とインノケンティウス三世は、どうしたらその要求を成熟させられるか熟知していたのである。

98

西太平洋の遠洋航海者

ブロニスワフ・マリノフスキー〔一八八四～一九四二〕

イギリスの人類学者。ポーランド出身。これまでの進化主義的な人類学でなく、機能主義的な人類学を唱える。一九二二年に刊行された主著『西太平洋の遠洋航海者』は、ニューギニア島沖のトロブリアンド諸島における調査の成果である。

序論　調査研究の対象、方法、および範囲

一

南海諸島の沿岸に暮らす人々は卓越した航海者にして貿易商であり、すでに絶滅した者もまたそうだった。彼らの一部は、遠洋航海用の素晴らしい型の大型カヌーを作り上げ、それに乗ってはるか遠くまで交易に向かい、あるいは戦争や征服のために出撃するのである。ニューギニアの沿岸や周辺の島々に住むパプア・メラネシア人とて、この例外ではない。彼らは概して勇敢な船乗りであり、勤勉な職人であり、抜け目のない商人である。土器、石器、カヌー、美しい籠、貴重な装身具といった重要な物品を製作する拠点は、住民の技能、祖先から受け継いだ部族の伝統、および特別な地理的利点に従い、いくつかの場所に分散している。したがって、これらの物品は広い地域で取引され、時には数百マイルもの距離を運搬されることもある。

様々な部族の間では、それぞれの交易ルートにしたがって一定の取引形態が確立されている。部族間の交易で最も顕著な形は、ポートモレスビーのモトゥ族と、パプア湾の諸部族との間で見られるものである。モトゥ族は、蟹のハサミの形をした独特の帆を持つ、ラカトイと呼ばれる重く扱いにくいカヌーに乗って、数百マイルもの距離を航海する。彼らは土器や貝飾りをカヌーに乗せ、パプア湾へと運ぶのだが、昔は石斧もそこに加わっていた。そしてそれらと交換に、サゴヤシの実や重い丸木舟を手に入れる。その後モトゥ族は、手に入れた丸木舟からラカトイ・カヌーを作るのである。

ニューギニア南岸のさらに東には、マイルー族という勤勉な海洋部族がいて、毎年交易のための遠征を行ない、ニューギニアの東端と中央海岸の諸部族との橋渡しをしている。またニューギニア東端に散在する島々の原住民たちは、互いに絶えず交易を行なっている。セリグマン教授は著書の中で、この問題、とりわけ南部マッシム族が住む島々を結ぶ短距離交易ルートを、見事に描写している。しかしながら、それとは別の、非常に広範かつ複雑極まりない交易関係が、ニューギニア東端近くの島々だけでなく、ルイジアード島、ウッドラーク島、トロブリアンド諸島、およびダントルカストー諸島の間に、網の目のように張り巡らされている。それはニューギニア本島を貫き、ロッセル島や、ニューギニアの南北海岸の諸地域にも間接的な影響を及ぼしている。クラと呼ばれるこの交易関係こそ本書で記述を試みる主題であり、かなりの理論的重要性を持つ経済現象であることが、やがて理解できるだろう。クラは、その圏内で暮らす原住民の部族生活において、最も大きな意味を有する。その重要性は部族の人々自身も十分認識しており、彼らの観念、野心、欲望、虚栄は、クラと非常に強く結びついているのだ。

99 大衆の反逆　ホセ・オルテガ・イ・ガセット（一八八三〜一九五五）

スペインの哲学者。マドリードに生まれ、のちドイツに留学する。帰国後はマドリード大学教授に就任、形而上学を教えた。一九三〇年に出版された主著『大衆の反逆』はスペイン内戦を予言するものとなった。

第一章　大衆の出現

現在のヨーロッパ人の社会生活には、善かれ悪しかれ、極めて重要な事実が一つある。その事実とは、大衆が完全なる社会的勢力となったことである。定義上、大衆は自らの個人的生存を監督すべきではないし、またそうすることもできない。まして社会全般を支配するなど不可能である。この事実は、国民、国家、文明を苦しめる最大の危機に、ヨーロッパが現に晒されていることを意味する。だがそうした危機は、歴史上一度ならず生じている。その特徴と結果はよく知られており、また名前も知られている。それこそが、大衆の反逆と呼ばれるものだ。この恐るべき事実を理解するには、「反逆」「大衆」「社会的勢力」などといった言葉に対し、排他的に、あるいは第一義的に、政治的な意味合いを付与することを最初から避けるのが重要である。社会生活は政治的であるのみならず、同時に、いやそれ以前に、知的、道徳的、経済的、宗教的なものであり、着衣や娯楽の流行りを含む、我々全体の習慣を包含しているのだ。

この歴史的現象を理解する最良の方法はおそらく、我々の時代の様相のうち、はっきりと目に見えるものを強調して、視覚的経験に注意を向けることだろう。その事実を分析するのは困難だが、明確に述べることは極めて容易である。私はそれを密集の事実、ないし「充満の事実」と名づける。都市は人で溢れかえり、家々は借家人で満ち、ホテルは客で満ち、列車は旅行客で満ち、カフェは常連客で満ち、公園は散歩する人で満ち、有名な医者の診療室は患者で満ち、劇場は観客で満ち、砂浜は海水浴客で満ちているではないか。

以前は何の問題もなかったことが、今や日常の問題となりつつある。それはいわば、場所を見つけるという問題である。

それだけのことだ。実際の生活において、これよりも単純で、明確で、不変の事実があり得るだろうか？　ここで、いま述べた現象をざっと洞察してみよう。すると、そこに思いもかけない泉が湧き上がり、今日の、つまり我々が実際に暮らす今日の白き光が、様々な色合いに分裂するのを見て、驚嘆を禁じ得ないことだろう。我々がそこに見るもの、我々をかくも驚かせる光景とはいったいどんなものだろうか？　そこに見るのは、文明によって生み出された場所や施設を占領する、群衆の姿である。そのことに少しでも思いを馳せるならば、自分が驚いたことにきっと驚くはずだ。

それがなんだと言うのか。物事の理想的な状態ではないのか？　劇場の座席は観客に座ってもらうためのものであって、言い換えれば、劇場が満員になるためのものだ。そしていま、劇場は人で溢れかえっている。席に座れなかった人々は、外でじっと立っている有様だ。この事実はごく論理的であり当たり前のものだが、以前にはこうしたことがなく現在はそうだという事実に気づかざるを得ない。したがって、少なくとも最初の瞬間、我々を驚かせるなんらかの変化、なんらかの変革があったということだ。

驚くこと、そして不思議に思うことは、理解することへの第一歩である。これは知識人特有のスポーツであり贅沢でもある。この種の人たちを特徴づける表情は、驚きのあまり見開かれた両目で世界を眺めることにある。大きく目を見開いた者にとって、この世界におけるあらゆる物事は、奇妙かつ驚嘆すべきものなのだ。驚嘆というこの能力は、諸君のまわりの「サッカーファン」には許されない喜びだが、その一方、知識人をして、夢想家の永遠なる陶酔状態のうちに人生を導く喜悦なのである。知識人の特徴は、両目に浮かぶ驚嘆にある。だからこそ、古代人はミネルヴァに、いつも大きく目を見開いている鳥、すなわちフクロウを与えたのである。

100 イデオロギーとユートピア

カール・マンハイム〔一八九三〜一九四七〕

ハンガリーの社会学者。ハイデルベルク大学とフランクフルト大学で教鞭をとる。しかしナチスの政権掌握を受けてイギリスに亡命、ロンドン大学で社会学と教育哲学を教えた。著書『イデオロギーとユートピア』はフランクフルト大学時代の一九二九年に刊行され、マルクス・レーニン主義的な革命を促進する新たなドグマを提唱した。

第一章　問題の予備的考察

一　社会学的な思考の概念

本書では、人間が実際にはどのように考えているかという問題を取り扱う。ここでの研究の狙いは、論理学の教科書の中で思考がどのように扱われているかではなく、社会的生活や、集合的行為の一手段としての政治において、思考が実際にはどのように機能しているかを検証することにある。

哲学者ははるか昔から、自身の思考を問題としてきた。思考について述べるとき、彼らはまず自分自身の歴史、つまり哲学の歴史か、あるいは数学や物理学などまったく特定の学問分野を念頭に置いた。こうした類の思考は極めて特殊な状況でしか適用できず、思考の分析によって得られた成果を他の生活分野に直接引き移すのは不可能である。また応用可能な場合であっても、それが関連するのは特定の存在次元のみであり、しかしてその存在次元は、自身の世界を理解し形作ろうとする人間にとって不十分な代物である。

他方、実際に行動する人間は、良い方向であれ悪い方向であれ、自ら暮らす世界、いわゆる「厳密なる認識様式」と同じくらいの正確さをもって分析されたことのない世界を、経験と知性によって洞察すべく、様々な方法を発展させようと努力し続けている。しかしながら、いかなる人間の活動であろうと、知的抑制や批判の対象とされぬまま長年にわたって続けられたとすれば、人間の手には負えないものとなる傾向がある。

以上のことから、こうした思考方法、つまり、それらをもって我々が最も重大な決断を下し、我々の政治的・社会的命運を見極め導こうとするところの思考方法が、まったく認識されず、ゆえに知的抑制や自己批判の対象から外れていることは、現代における変則状態の一つとみなさねばならない。過去の社会にまして現在においては、はるかに多くの物事が状況の正しい熟慮に依拠していることを思い浮かべるならば、この変則状態ははなはだしく巨大なものとなる。社会的認識の重要性は、社会的過程への抑制的介入に比例して増大する。厳密さを欠いた、こうしたいわゆる「科学以前の思考様式」は、論理的分析だけをもって理解されるべきではない（逆説的なことだが、論理学者や哲学者もまた、現実問題の決定を下さねばならないときには、こうした科学以前の思考様式に頼っている）。この科学以前の思考様式は、その根底に横たわる感情や生命の衝動という心理学的な根源や、それが生じ、またそれによって解明が図られるところの状況から簡単に切り離すことのできない、一つの複合体を形作っている。

このようなタイプの思考およびその変化を記述・分析するのに適した方法を検討し、またその特異な性質を正しく評価した上で、それを批判的に理解する道を用意すべく、その方法と関連する諸問題を系統化することが、本書の最も基本的な課題である。我々が提示せんとする方法は、知識社会学の方法である。

知識社会学の主要命題は、思考の社会的起源が曖昧である限り、十分に理解し得ない思考様式が存在する、ということである。ただ個人だけが思考できる、というのはまったく正しい。個人の頭脳を飛び越えて思考する、ないし、個人としては再生するより他にない観念を有する、集団心といった形而上学的実体などは存在しない。だとしても、この事実から、個人の行動を動機づける一切の観念や感情は、その個人にのみ起源を持ち、彼自身の人生経験を土台とすれば十分に説明できるなどと推論するのは誤りである。

自分の言葉で話さず、道を切り拓いてくれた同時代の人間や先人たちの言葉を使う一人の個人を観察するだけで、一つの言葉の由来を突き止めようとするのが誤りであるように、ある見解の全体を説明するにあたり、個人の心から発生するという点にのみ目を向け、それを行なおうとするのも誤りである。一人の個人が、その人独自のものとみなされる話し方や思考様式を自力で作り上げるというのは、ごく限られた意味でしか正しくない。彼は自分の属する集団の言葉で話し、属する集団と同じように考える。彼が意のままにできるのは、わずかな単語とその意味だけである。それらは、自分を取り巻く世界と向き合う流儀をかなりの程度決定するだけでなく、それと同時に、対象がこれまで、いかなる角度から、また活動におけるどのような背景の中で、対象外の集団や個人によって知覚され、理解されてきたかを示している。

101

雇用・利子および貨幣に関する一般理論

ジョン・メイナード・ケインズ〔一八八三〜一九四六〕

イギリスの経済学者。ケンブリッジ大学を卒業後同大学の教授となり、両世界大戦の際には大蔵省の助言者を務める。その計画経済の考えはルーズベルト大統領のニューディール政策に影響を与えた。主著『雇用・利子および貨幣に関する一般理論』は一九三六年に刊行された。

第一篇　緒論

第一章　一般理論

私は本書を『雇用・利子および貨幣に関する一般理論』と命名したが、重点は「一般」という接頭辞に置いている。こうした題名を付した目的は、私の議論と結論を、私が教えられ、過去百年間そうであったように現代においても、実践と理論の両面で支配階級および学術界の経済思想を支配している、古典派理論のそれとを対比させることにある。古典派理論の公理が妥当なのは特殊な場合のみであり、一般的な事例においては妥当でなく、その想定している状況は、存在し得る均衡状態の中の極限状態であることを、私は本書で論ずるつもりである。加えて、古典派理論が想定する特殊な状況における諸々の性質は、我々が実際に暮らす経済的社会のそれと異なっており、結果として、古典派の教えを経験的事実に当てはめようとすることは、人々を誤った方向へと導き、厄災をもたらすのである。

第二章　古典経済学の諸前提

価値と生産の理論に関する論文の大半は、所与の生産資源を様々な用途に配分すること、そしてこの量の資源がすべて用いられると仮定したとき、それら諸資源に対する相対報酬と、その生産物の相対価値とを決定する諸々の条件を主に取り扱っている。

同様に、雇用可能な人口の規模、自然の富の水準、そして蓄積された資本財の量など、利用可能な資源量に関する問題も、これまでたびたび論じられてきた。しかし利用可能な資源の実際の雇用を決定している要因について、その純粋な理論が精査されることは滅多になかった。もちろん、まったく検討されなかったというのは言い過ぎであろう。過去多数存在した雇用変動に関する議論はすべて、この点に関心を抱いているからである。つまり私は、この論題が見過ごされてきたと述べるつもりはなく、その基礎をなす基本理論があまりに単純かつ明白なものとみなされていたため、わずかに言及されるのが関の山だったと言いたいのである。

一

雇用に関する古典派の理論――単純かつ明白なものと思われる――は、ほとんど議論になっていないものの、二つの基本公理を土台にしていると考えられる。すなわち、

一、賃金は労働の限界生産物に等しい。

これはつまり、雇用状態にある人間の賃金は、雇用が一単位減少した場合に失われる価値（生産量の減少によって浮くその他の費用を差し引いた後の）に等しいということである。しかし、競争および市場が不完全な場合、この等価が一定の原則に従って撹乱され得るという留保条件がある。

参考文献

天野鎮雄著『新釈漢文大系　第36巻　孫子・呉子』明治書院、一九七二年　金谷治訳注『論語』岩波文庫、一九九九年　青木巌訳『歴史』新潮社、一九六八年　松平千秋訳『歴史（上）』岩波書店、一九七一年　久保正彰訳『トゥーキュディデース　戦史（上）』岩波書店、一九六六年　久保勉訳『ソクラテスの弁明・クリトン』岩波文庫、一九二七年　山本光雄訳『政治学』岩波文庫、一九六一年　吉田賢抗著『新釈漢文大系38　史記一（本紀）』明治書院、一九七一年　大西英文訳『弁論家について（上）』岩波文庫、二〇〇五年　中倉玄喜訳『ガリア戦記　新訳』PHP研究所、二〇〇八年　神谷美恵子訳『マルクス・アウレーリウス　自省録』岩波文庫、一九五六年　泉井久之助訳註『ゲルマーニア』岩波文庫、一九七九年　坂本幸男・岩本裕訳『法華経』岩波文庫、一九六三年　大場正史訳『バートン版　カーマ・スートラ』角川書店、一九七一年　服部英次郎訳『聖アウグスティヌス　告白（上）』岩波文庫、一九七六年　中田考監修、中田香織、下村佳州紀訳『日亜対訳クルアーン』作品社、二〇一四年　高木八尺、末延三次、宮沢俊義編『人権宣言集』岩波文庫、一九五七年　山田晶訳『神学大全Ⅰ』中央公論新社、二〇一四年　稲垣良典『神学大全』講談社、二〇〇九年　渡辺一夫、二宮敬訳『痴愚神礼讃』中央公論新社、二〇〇六年　平井正穂訳『ユートピア』岩波文庫、一九五七年　佐々木毅訳『君主論』講談社学術文庫、二〇〇四年　河島英昭訳『君主論』岩波文庫、一九九八年　矢島祐利訳『コペルニクス　天体の回転について』岩波文庫、一九五三年　宮下志朗訳『エセー　1』白水社、二〇〇五年　成田成寿訳『ベーコン　随筆集』中央公論新社、二〇一四年　渡辺義雄訳『ベーコン随想集』岩波文庫、一九八三年　山田慶児・谷泰訳『星界の報告他一編』岩波文庫、一九七六年　谷川多佳子訳『方法序説』岩波文庫、一九九七年　水田洋訳『リヴァイアサン　1』岩波文庫、一九九二年　田中豊助、原田紀子、石橋裕訳『古典化学シリーズ3　懐疑の化学者』内田老鶴圃、一九八七年　塩川徹也訳『パンセ（上）』岩波文庫、二〇一五年工藤喜作、齋藤博訳『エティカ』中央公論新社、二〇〇七年　河辺六男訳『世界の名著26　ニュートン』中央公論社、一九七一年　大槻春彦訳『人間知性論（一）』岩波文庫、一九七二年　下村寅太郎、山本信、中村幸四郎、原亨吉監修、佐々木能章訳『ライプニッツ著作集6　宗教哲学『弁神論』上』工作舎、一九九〇年　高木八尺、末延三次、宮沢俊義編『人権宣言集』岩波文庫、一九五七年　豊田利幸、山田慶児、谷泰訳『世界の名著21　ガリレオ』中央公論社、一九七三年　大槻春彦訳『人性論　第一篇　知性に就いて（上）』岩波文庫、一九四八年
清水純一、米山喜晟訳『世界の名著続6　ヴィーコ』中央公論社、一九七五年　杉捷夫訳『人間機械論』岩波文庫、一九三二年年　植田祐次訳『カンディード　他5篇』岩波文庫、二〇〇五年　中山元訳『人間不平等起源論』光文社、二〇〇八年　松本慎一、西川正身訳『フランクリン自伝』岩波文庫、一九五七年　渡辺利雄他訳『世界の名著33　フランクリン　ジェファソン　ハミルトン　ジェイ　マディソン　トクヴィル』中央公論社、一九七〇年　水田洋監訳、杉山忠平訳『国富論』岩波文庫、二〇〇〇年　中野好夫、朱牟田夏雄、中野好之訳『ローマ帝国衰亡史』筑摩書房、一九九五年　小松春雄訳『コモン・センス』岩波文庫、一九七六年　高木八尺、末延三次、宮沢俊義編『人権宣言集』岩波文庫、一九五七年　篠田英雄訳『純粋理性批判（上）』岩波文庫、一九六一年　田中豊助、原田紀子訳『古典化学シリーズ4　化学のはじめ』内田老鶴圃新社、一九七三年　堀秀彦訳『世界大思想全集　社会・宗教・科学思想篇7　ベンタム、ミル、マルサス』河出書房新社、一九五五年
高木八尺、末延三次、宮沢俊義編『人権宣言集』岩波文庫、一九五七年　前川貞次郎訳『人間精神進歩の歴史』岩波文庫、一九六六年　半澤孝麿訳『フランス革命の省察』みすず書房、一九七八年　中野好之訳『フランス革命についての省察（上）』岩波文庫、二〇〇〇年　石原達二訳『ドイツ国民に告ぐ』玉川大学出版部、一九九九年　高野岩三郎、大内兵衛訳『初版　人口の原理』岩波文庫、一九六二年　永井義雄訳『人口論』中央公論社、一九七三年　田中豊助、原田紀子、相悠紀江訳『古典化学シリーズ7　化学の新体系』内田老鶴圃、一九八六年　羽鳥卓也、吉沢芳樹訳『経済学および課税の原理（上）』岩波文庫、一九八七年　磯部忠正訳『意思と

表象としての世界（Ⅰ）』理想社、一九七〇年　高峯一愚訳『ヘーゲル　法の哲学』論創社、一九八三年　上妻精、佐藤康邦、山田忠彰訳『ヘーゲル全集9a　法の哲学　上巻』岩波書店、二〇〇〇年　篠田英雄訳『戦争論』岩波文庫、一九六八年　松本礼二訳『アメリカのデモクラシー　第一巻（上）』岩波文庫、二〇〇五年塩野未佳、宮口尚子訳『狂気とバブル　なぜ人は集団になると愚行に走るのか』パンローリング、二〇〇四年大内兵衛、向坂逸郎訳『共産党宣言』岩波文庫、一九五一年　渡辺一他訳『世界の名著42　プルードン　バクーニン　クロポトキン』中央公論社、一九六七年　斉藤悦則訳『自由論』光文社、二〇一二年　渡辺政隆訳『種の起源（上）』光文社、二〇〇九年　柴田治三郎訳『世界の名著45　ブルクハルト』中央公論社、一九六六年澤田謙訳『第一原理（上）』而立社、一九二三年　矢島祐利訳『ロウソクの科学』岩波新書、一九三三年　飯塚一郎他訳『世界の名著41　ラスキン　モリス』中央公論社、一九七一年　今村仁司、三島憲一、鈴木直訳『マルクス・コレクション4　資本論　第1巻上』筑摩書房、二〇〇五年　小松春雄他訳『世界の名著60　バジョット　ラスキ　マッキーヴァー』中央公論社、一九七〇年　上山春平、山下正男他訳『世界の名著48　パース、ジェイムズ、デューイ』中央公論社、一九六八年　勝田吉太郎訳『世界の名著42　プルードン　バクーニン　クロポトキン』中央公論社、一九六七年　氷上英広訳『ツァラトゥストラはこう言った（上）』岩波文庫、一九六七年　中村文郎訳『時間と自由』岩波文庫、二〇〇一年　馬場啓之助訳『経済学原理　1』東洋経済新報社、一九六六年　五島茂、飯塚一郎他訳『世界の名著41　ラスキン　モリス』中央公論社、一九七一年　川端康雄訳『ユートピアだより』岩波文庫、二〇一三年　宮島喬他訳『世界の名著47　デュルケーム　ジンメル』中央公論社、一九六八年　高哲夫訳『有閑階級の理論　増補新訂版』講談社学術文庫、二〇一五年　金関猛訳『夢解釈〈初版〉【上】』中央公論新社、二〇一二年　勝田吉太郎訳『世界の名著42　プルードン　バクーニン　クロポトキン』中央公論社、一九六七年　杉山吉朗訳『ローマ史　上　共和政の成立と地中海諸民族の闘争史』文芸社、二〇一二年　水地宗明他訳『世界の名著51　ブレンターノ　フッサール』中央公論社、一九七〇年　大塚久雄訳『プロテスタンティズムの倫理と資本主義の精神』岩波文庫、一九八九年　桝田啓三郎訳『プラグマティズム』岩波文庫、一九五七年　今村仁司、塚原史訳『暴力論（上）』岩波文庫、二〇〇七年　金森誠也訳『恋愛と贅沢と資本主義』論創社、一九八七年　渡辺二郎訳『エトムント・フッサール　イデーン　Ⅰ-Ⅰ』みすず書房、一九七九年　角田安正訳『帝国主義論』光文社、二〇〇六年　仁戸田六三郎訳『哲學の改造』春秋社、一九五〇年　清水幾太郎、清水禮子訳『哲学の改造』岩波文庫、一九六八年　堀越孝一訳『世界の名著55　ホイジンガ』中央公論社、一九六七年　野矢茂樹訳『論理哲学論考』岩波文庫、二〇〇三年　山元一郎他訳『世界の名著58　ラッセル　ウィトゲンシュタイン　ホワイトヘッド』中央公論社、一九七一年　渡辺保男他訳『世界の名著60　バジョット　ラスキ　マッキーヴァー』中央公論社、一九七〇年　寺田和夫、増田義郎他訳『世界の名著59　マリノフスキー　レヴィ＝ストロース』中央公論社、一九六七年　寺田和夫他訳『世界の名著56　マンハイム　オルテガ』中央公論社、一九七一年　高橋徹、徳永恂訳『世界の名著56　マンハイム　オルテガ』中央公論社、一九七一年　間宮陽介訳『雇用、利子および貨幣の一般理論（上）』岩波文庫、二〇〇八

編訳者あとがき

本書は古代バビロニアの『ハンムラビ法典』から、二十世紀を代表する経済学者の一人、ジョン・メイナード・ケインズの『雇用・利子および貨幣に関する一般理論』まで、古今東西の人文・自然科学の名著一〇一点の冒頭部分を集めたものである。この編訳作業を通じて、数千年にわたる人類思想史の一端に触れる機会に恵まれたわけだが、とりわけ、数多の著者による無数の著作が、それぞれ単に孤立して存在するのでなく、思想における進化の流れを形作っていることが実感された。

ただその一方で、人間そのものは本質的に古代文明の時代からさほど進化していないのではないかという疑いも抱かざるを得ない。我々が「人類の進化」と考えるものは、実は「知識の蓄積」ないし「社会制度の改良」ないし「科学技術の発展」に過ぎないのではないか。我々が以前の人々に比べて無知でなくなったのは、教育の浸透や表現の自由といった「社会制度の改良」の結果と言えるし、豊かな暮らしを享受できているのも、農工業をはじめとする「科学技術の発展」、および「経済体制の発展」といった、同じく「社会制度の改良」の結果と言えるだろう。

確かにこれらの歴史的意義は無視されるべきでなく、人間そのものの素晴らしさを否定するものではないが、だからと言って、現代に生きる我々が昔の人間に優っている、ないしより理性的である、とは決して言えまい。

人類史において思想や科学は直線的に発展したが、人間そのものは、回り車を駆けるネズミのように、進化を求めながらも一つ所をぐるぐると回り続け、いまなおそうしているだけなのかもしれない。

とは言え、文字という手段で思想を表し、ときに攻撃されながらもそれを守り、書物という形で長きにわたって保ち、結果として知識を蓄積させた人々の功績は軽んじられるべきではなく、それをいかに発展させ、人類の福祉に活用していくかが、後世の我々に課せられた義務ではないだろうか。

そのためにもまずは、本書に収められた著作のうちどの一点でも、感銘を受けたものを通しで読んでいただきたい。本書がその道しるべになるのであれば、編訳者にとってこれほどの喜びはない。

本書の基になった各作品は古今東西の名著で、なかには難解な内容のものもあるが、すべて冒頭部分の訳出だけなので、最初はいくぶん気楽にとりかかった。しかしさにあらず、作業を進めるうちにいくつもの難問に突き当たった。

まずは訳出作品のリストアップ。著者一人につき一作品が原則なので、一〇一人の著作（英訳を含める）を集めるのはやはり骨が折れた。

そしてもう一つは、収載した著作はどれも名著とされるものであり、すでに訳書が刊行されていること。つまり、未訳の作品を訳出するのとは違い、今回は比較される対象が存在している。よって誤訳はいっそう許されず、その一方で独自性があってわかりやすい訳文にしなければならない。これは実に難しいことで、私の力量ではなんとか形にするのが精一杯だった。この点については読者諸賢の叱正を請うものである。

だが逆に、偉大な先達の成果を参考にできたことは大きく、深い感謝の念とともに、巻末に参考文献一覧を掲げさせていただいた。

最後に、この書籍がなんらかの形で読者の人生を豊かにすることに貢献できれば、そして「人類の福祉」にごくわずかでも貢献できれば、七転八倒して原文と向き合った編訳者としてはこの上ない僥倖である。

二〇一八年一月

編訳者　熊木信太郎

〔編訳者〕
熊木信太郎（くまき・しんたろう）
北海道大学経済学部卒業。都市銀行、出版社勤務を経て、現在は翻訳者。『スパイ大事典』『ゲイリー・バートン自伝』（共に論創社）など多数の翻訳がある。

冒頭を読む　世界の名著101

2018年8月20日　初版第1刷印刷
2018年8月25日　初版第1刷発行

編訳者　熊木信太郎
発行者　森下紀夫
発行所　論 創 社
〒101-0051 東京都千代田区神田神保町 2-23　北井ビル
電話 03-3264-5254　振替口座 00160-1-155266

装　丁　宗利淳一
印刷・製本　中央精版印刷
組版　フレックスアート

ISBN978-4-8460-1652-4